JULES JANIN

ŒUVRES DIVERSES PUBLIÉES SOUS LA DIRECTION

DE M. A. DE LA FIZELIÈRE

CONTES

ET

NOUVELLES

TOME SECOND

PARIS

LIBRAIRIE DES BIBLIOPHILES

Rue Saint-Honoré, 338

M DCCC LXXVI

ŒUVRES DIVERSES DE JULES JANIN

PUBLIÉES SOUS LA DIRECTION

DE M. ALBERT DE LA FIZELIÈRE

V

CONTES

ET NOUVELLES

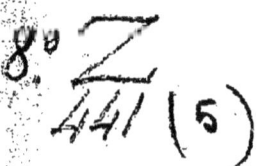

Il a été fait un tirage d'amateurs, ainsi composé :

300 exemplaires sur papier de Hollande (Nos 51 à 350).
 25   —   sur papier de Chine (Nos 1 à 25).
 25   —   sur papier Whatman (Nos 26 à 50).

350 exemplaires, numérotés au tome Ier de la collectiom.

Tous les exemplaires de ce tirage sont ornés d'une GRAVURE A L'EAU-FORTE DE M. ED. HÉDOUIN.

LE CRUCIFIX.

JULES JANIN

CONTES

ET

NOUVELLES

TOME SECOND

PARIS
LIBRAIRIE DES BIBLIOPHILES
Rue Saint-Honoré, 338

M DCCC LXXVI

LE CRUCIFIX

A LA MÉMOIRE DE MA CHÈRE SŒUR

CAMILLE BRAZIER JANIN

Morte, au mois de mai 1868, à Saint-Rambert
dans l'exercice des plus calmes et des plus solides vertus

Elle me disait souvent : « Écris donc à mon intention une petite histoire que puisse lire une chrétienne ignorante et timorée. » Alors j'écrivis ces pages, mais trop tard, et je les dépose, en pleurant, sur son tombeau.

J. Janin.

I

Il y avait, aux plus beaux jours de la Restauration, dans une maison qu'il avait bâtie à l'extrémité du faubourg Saint-Honoré, un jeune homme appelé le chevalier de Peilhon. Son grand-père avait été secrétaire du roi, et passait, en 1760, pour l'un des plus habiles connaisseurs de Paris. Le cabinet de M. de Peilhon était souvent visité par les curieux, qui ne pouvaient se lasser de contempler sa *Sainte Vierge*, du Guerchin, vêtue de rouge et de bleu ; ses deux Téniers, le *Chirurgien de campagne* et le *Repas flamand ;* ses deux Wouwermans, la *Fontaine du Dauphin* et la *Buvette des cavaliers*. Il possédait aussi de Paul Potter *Une Auberge*, qui est aujourd'hui un des ornements du Louvre, et la belle femme aux cheveux blonds, corset jonquille et jupe en satin blanc, du charmant Gaspard Netscher. De ces chefs-d'œuvre, dont il avait entendu parler à son berceau, le chevalier de Peilhon était plus fier que de ses titres de noblesse. Il était né, d'ailleurs, avec toutes les vertus de l'antiquaire, et si le mot *vertu* est peut-être un peu fort, nous l'aurons bientôt remplacé par la grâce et le goût de ces heureux esprits, tout remplis d'une intelligente passion pour les plus belles choses. Beaucoup d'honnêtes gens, sachant le chevalier de Peilhon riche et bien élevé, s'étonnaient qu'il se maintînt avec tant de prudence en dehors des emplois et des grades, si recherchés même par les sages. Tel il était, cachant sa vie, et, ce qui est plus rare, défendant à ses meilleurs amis la porte de son petit Louvre. On l'aimait cependant pour peu qu'on le connût, tant il était affable et courtois.

La maison qu'il avait bâtie à sa fortune, et non pas à sa vanité, était vaste et spacieuse. Il en tirait un gros revenu, dont la moitié suffisait, bien au delà, à ses dépenses personnelles. Il employait le reste à ramasser, avec un choix scrupuleux, des meubles, des tableaux, des gravures, des livres, et parfois une médaille en belle et bonne condition. Il avait le goût d'un grand artiste ; pour la moindre tare, il eût renoncé au plus beau morceau.

Un jour d'été, comme il revenait de promener au bois de Boulogne un cheval bai brun que l'on eût dit emprunté à l'*Abreuvoir hollandais* de Wouwermans, le chevalier de Peilhon rencontra sur le pas de sa porte un vieux prêtre en cheveux blancs, de l'aspect le plus vénérable et pauvrement vêtu, auquel il fit un grand salut, s'effaçant pour le laisser passer. Le prêtre, avec un doux sourire où se montrait un certain étonnement de se voir salué par un si beau jeune homme, oublia d'abord de se découvrir ; mais bientôt, le chapeau à la main :

« Monsieur, dit-il, vous qui faites un si beau salut à un humble prêtre de si piètre apparence, plus je vous regarde, et plus je suis sûr que vous pourrez me prêter un crucifix dont l'aspect puisse au moins calmer l'impatience et la douleur d'une pécheresse qui va mourir. Elle habite, au premier étage, une suite de chambres dorées; on marche sur des tapis, on s'assied sur le velours, mais une chrétienne n'y trouverait pas un meuble pour prier à son aise! Les habitants de ces demeures presque royales mangent dans la porcelaine et dans l'argent; ils boivent dans le cristal. Les murailles sont couvertes de cadres d'or, mais lorsque enfin la mort entre au logis de ces gens heureux, leur regard épouvanté cherche, sans la trouver, une image divine qui les encourage et les console. En vain, voyant cette pauvre femme entre les mains de la mort, qui la tient sans rémission, j'ai demandé à ses domestiques, à ses voisins, un simple christ en ivoire, en bois même, attaché sur une croix de sapin noirci... Pas un de ces imprudents n'a songé à garder dans le coin le plus obscur l'image de notre rédemption. Je suis monté làhaut, sous les toits... La mansarde, hélas! est aussi négligente que le salon. A la fin, désespérant de ma mission, j'allais de ce pas chez moi, non loin de Saint-Séverin, prendre un beau christ que m'a donné mon ancien maître et mon cher évêque, M. le cardinal de Cheverus.

— Vous avez raison, monsieur l'abbé, répondit le jeune homme, et je serais bien fâché que vous fissiez, par ce grand soleil, un si long chemin. Si donc il vous plaît de remonter vingt-cinq marches, nous trouverons à votre intention cette image consolante du Dieu qui est mort pour nous. Mais pourquoi donc, vous adressant à tout le monde ici, ne pas frapper à la porte de l'entre-sol?

— Je vous dirai franchement, dit le vieillard, que je tenais déjà le marteau de votre porte, et que j'allais heurter, quand je me suis aperçu que ce marteau représentait un monstre en cuivre, assez semblable à quelque dieu du paganisme. Alors j'ai pensé : « Ce n'est pas ici qu'habite Notre-Seigneur. »

Il parlait encore, et déjà le jeune homme introduisait le vieux prêtre dans une vaste antichambre, ornée à plaisir de toutes sortes de belles sculptures : festons de fruits et de fleurs en relief, masques, colonnes, pilastres en bosse d'écaille de tortue, oiseaux qui chantent, dauphins qui nagent, armes, losanges, faïences... un mélange exquis d'ornements empruntés à toutes les époques. On entrait bientôt dans un grand salon carré, où se trouvait une table à huit pans, en ébène, ornée de compartiments merveilleux : héliotrope, lapis, jaspe et cornaline... une merveille encadrée dans un marbre de Gênes, et posée sur un pied de poirier noir à huit colonnes et quatre pilastres. Sur cette table était un vase d'albâtre oriental couleur d'aurore, avec deux anses et son couvercle. On admirait dans le salon suivant, sur la cheminée en porphyre, deux vases de marbre de Sicile, sans oublier les lustres, les girandoles, les pendules, les terres cuites de Clodion, de Pajou et de Bouchardon. Les murailles étaient couvertes de chefs-d'œuvre : *Un Joueur de musette*, par Van Dyck; un paysage de Berghem ; une prairie de Paul Potter, et des fleurs de Van Huysum. Mais tous ces miracles d'Italie et de Hollande étaient arrangés avec tant de goût que ces grands peintres semblaient n'avoir pas quitté ces murailles splendides. Disons mieux, l'effet de ces merveilles était si simple, au premier coup d'œil, qu'il fallait un certain temps pour le bien comprendre. Ajoutez la confusion de ces choses si diverses pour des yeux sans expérience : le paradis terrestre et nos premiers parents sous les premiers arbres, à côté d'un cabaret où des paysans jouent aux cartes; le modèle du tombeau du cardinal de Fleury auprès de l'Amour courbant son arc; le portrait de Mlle Clairon, en Médée, précédant une sainte Vierge avec l'Enfant Jésus dans les bras. A l'aspect charmant de toutes ces confusions, le vieux prêtre, ébloui, fut forcé de s'asseoir sur une chaise à perroquet, garnie de taffetas vert rayé de blanc.

« Monsieur, pardonnez-moi, dit-il; mais dans toutes les choses que je vois, je ne sais plus à laquelle entendre. On dirait d'une magie, et j'aurais grand besoin, en ce moment, du sang-froid de mon patron saint Antoine. »

Il dit cela très-simplement, en fermant les yeux et reprenant ses esprits. Quand il revint à la douce lumière, il savait déjà distinguer cet objet-ci de cet objet-là; et le jeune homme :

« Ouvrez les yeux, mon père Antoine, et choisissez parmi ces christs de la plus belle époque. Celui-ci vient de Florence, et celui-là de Milan; j'ai rencontré le troisième dans un faubourg de Rome. Il fut sculpté au temps des Carrache. »

Qui fut bien embarrassé, ce fut l'habitué de Saint-Séverin. On lui montrait un christ d'or attaché à une colonne de jaspe, un christ de jaspe oriental sur une croix de lapis, une croix de cristal de roche garnie de vermeil.

« A moins, monsieur l'abbé, reprit le chevalier, que vous ne préfériez cette croix d'ambre jaune, où resplendit ce beau christ que l'on dirait sculpté par Michel-Ange. C'est une belle œuvre de la Renaissance. Enfin, quelle que soit l'image choisie par vous, n'oubliez pas de me la rendre; elle est un des grands ornements de mon logis, et j'y tiens beaucoup plus qu'un avare à son trésor. »

Le prêtre, obéissant, choisit le christ d'ambre jaune, et prit congé du chevalier de Peilhon sans mot dire; mais son regard le remerciait.

II

La voisine du chevalier de Peilhon qui se mourait en ce moment, la pécheresse à qui l'abbé Antoine apportait ce beau christ de la meilleure époque, était une femme assez jeune encore pour tenir son rang parmi les belles personnes de Paris. Il n'y avait pas déjà si longtemps que la dame appartenait à ce qu'on appelle aujourd'hui le *beau monde*. Elle faisait et défaisait la mode à son gré; elle se montrait en grand triomphe aux plus beaux endroits de la grande ville. On la citait pour son équipage et pour sa dépense; elle recevait dans son salon des hommes choisis parmi les seigneurs, les politiques et les beaux esprits. Sa conduite était à l'abri même de la médisance et régulière en toute chose; on disait seulement qu'autrefois, dans sa première jeunesse, un certain marquis que l'on nommait avait été l'attentif de Mme de Vandenesse (c'était le nom de la malade), et, depuis la mort du marquis, on ajoutait qu'elle avait vécu dans une espèce de veuvage qui n'était pas sans estime. Au demeurant, l'apparence était bonne, et les plus proches voisins parlaient bien de cette

Française à demi Belge, élégante et bien entourée.

Il est vrai que le chevalier de Peilhon avait toujours résisté aux invitations de sa belle locataire, non pas qu'il eût à lui reprocher le moindre écart : son éloignement tenait à une cause beaucoup moindre, et ceux-là seront tentés de sourire qui ne savent pas à quel degré peut atteindre cette ardente passion pour le *comme il faut* dont le chevalier était possédé. Le jour même où Mme de Vandenesse avait fait porter ses meubles dans son nouveau logis, le chevalier avait vu par hasard tout le détail du déménagement d'une grande coquette, et son regard, offensé par la plus légère contradiction des formes et des couleurs, s'était détourné péniblement de ce luxe insensé et mal réglé. Ces beaux meubles sortaient des mains du tapissier, et l'artiste n'avait rien à y voir. Les couleurs de ces tentures criardes juraient l'une contre l'autre : un lit à baldaquin, surmonté de plumes blanches; des fauteuils rigides, une armoire à glace, et partout des cuivres tout neufs, à l'emporte-pièce, et qui, certes, n'avaient pas été ciselés par Gouttières; des meubles de Boule, achetés dans le faubourg Saint-Antoine; des tapis parsemés de fleurs impossibles; des bibelots de rencontre et des tableaux de hasard. La toilette même était copiée, on l'eût dit, sur la toilette des comédiennes. Que vous dirai-je? un faux luxe, un faux goût, un mensonge. Il n'y eut au gré du chevalier qu'un petit lit bleu de ciel, une chaise et deux fauteuils de la même couleur; une table en ébène, un encrier en vieux laque; une pendule où l'on voyait la fille de Greuze, en marbre, pleurant son oiseau mort. Tout ce petit ameublement avait été mis à part et brillait d'une fraîche et gracieuse antiquité, au milieu de tous ces meubles qui sentaient beaucoup plus le commissaire-priseur que la femme élégante.

« Ils sont pourtant très-jolis ces satins d'un bleu si tendre, et ce mobilier-là conviendrait parfaitement à quelque fillette innocente, » se disait le chevalier de Peilhon.

Bref, il fut si charmé de ce qu'il y avait de chaste en ce petit meuble discret d'une honnête chambre à coucher, qu'il avait presque deviné la jeune fille cachée et silencieuse à travers les splendeurs criardes de la mère en son âge mûr.

Malheureusement ces bonnes dispositions qui, bien ménagées, l'auraient poussé à visiter, comme il convenait, sa nouvelle locataire, furent horriblement déconcertées par un spectacle inattendu : le piano de la jeune personne. Autant il aimait la musique, autant il redoutait le tapage. Une main

légère et fluette, allant doucement sur les touches
d'ivoire et d'ébène... il ne savait rien de plus rare.
A ses yeux, le plus bel instrument donnait toujours trop de son ; il était resté un admirateur de
Paganini, brisant trois cordes à son violon. Pensez donc à son épouvante à l'aspect de ce grand
piano à huit octaves, que quatre hommes avaient
peine à porter, et qui rendait un son de clochette
et de tambour ! Juste ciel ! c'était donc vrai ! Au
bas du piano, je ne sais quel barbare avait ajouté
un tambour de basque, un chapeau chinois,
toutes sortes de sonneries. A l'aspect de ce monument fantastique, on eût vu le chevalier de Peilhon
se boucher les oreilles. Un tambour que la musicienne frappe à coups de pied pendant que ses
deux mains frappent à coups redoublés sur les
cordes d'en haut, jamais il n'avait rien vu de plus
abominable !

« Oh ! disait-il, que de réveils en sursaut !
quelles nuits sans sommeil ! quelle machine au-dessus de ma tête ! Ah ! malheureux ! que faire et
que devenir ? »

Déjà il cherchait le moyen de résilier ce bail funeste. On peut croire, en effet, que s'il avait jamais eu l'idée de visiter sa voisine, maintenant il
ne songeait plus qu'à s'enfuir. Je vous ai dit que
c'était sa manie : il détestait les couleurs voyantes

en peinture, en musique, en poésie, en habits. Un mauvais son lui déchirait l'oreille, un mauvais tableau lui crevait les yeux.

Toutefois il fut assez longtemps sans se ressentir de ce terrible voisinage, et s'il entendait par hasard cet instrument de mauvais présage, il reconnaissait une main habile et délicate, et parfois une voix douce et tendre, avec tant d'onction et de naïveté qu'il rendait toute justice à l'artiste invisible et se prenait à retenir son souffle afin de mieux entendre. Alors il songeait qu'un jour ou l'autre il se présenterait chez Mme de Vandenesse. Il savait bien cependant que son inquiétante locataire était incapable de jouer si doucement et de chanter d'une voix si tendre. Elle passait deux ou trois fois par semaine sa soirée hors du logis, et c'était justement ces heures-là que choisissait la musicienne inspirée. Elle ne chantait que les œuvres des maîtres, elle ne jouait que les symphonies des grands artistes : tantôt l'*Adélaïde*, tantôt la *Symphonie pastorale*. Ou, si parfois une chanson plus gaie errait sur les lèvres de cette aimable jeunesse, il y avait toujours comme une douleur voilée au fond de ces chansons. Cependant, plus il l'écoutait, et plus le chevalier de Peilhon se disait :

« Il faut pourtant que je la voie et que je l'entende à mon aise, et, s'il lui convient que nous jouïons ensemble, je porterai là-haut mon violon d'Amati, moins bruyant que mon Stradivarius. »

A la fin de toutes ces péripéties, comme il sortait de son logis pour faire une première visite à ce talent calme et voilé, ô misère! il entendit retentir, dans un fandango vulgaire, un galop de la rue, une valse de jardin public, le bruit du tambour et le tapage de ces vils clochetons. Adieu la muse! adieu l'inspiration! Voilà comment notre antiquaire avait renoncé à se présenter à l'ange... au démon de là-haut. Il en eut la fièvre, il en perdit le rêve et le sommeil.

Disons toutefois que ces sortes d'accidents furent très-rares; mais ces violences étaient impardonnables dans l'esprit de ce galant homme. Il n'y pouvait rien comprendre; il disait que l'on avait enfermé dans la même cage le corbeau et le rossignol.

III

Huit ou dix jours après sa première apparition, l'abbé Antoine revint chez le chevalier de Peilhon.

« Monsieur, lui dit-il, si vous ne m'avez point revu plus tôt, c'est que l'on craignait que le typhus n'eût paru chez la malade, et je ne voulais pas vous exposer à la contagion. Dieu merci ! la fièvre était moins dangereuse, et je puis vous saluer en toute confiance. Mais si vous saviez avec quelle adoration la pauvre malade a reçu la belle croix que vous m'avez confiée ! A peine l'eut-elle touchée de ses mains tremblantes qu'elle la posa sur ses lèvres et sur son cœur. Depuis ce jour d'allégeance, elle n'a plus voulu s'en séparer, et je puis affirmer que ce beau christ a déjà fait un miracle. Au bout de vingt-quatre heures, la malade avait retrouvé, dans sa mémoire éteinte, son *Credo* et son *Pater*. Elle a retrouvé la foi de sa jeunesse avec l'espérance ; elle a versé les plus douces larmes sur les pieds de notre Sauveur. Quelles tendres paroles elle adressait au Dieu mort pour nous sur la croix ! Il est vrai, car je l'ai bien regardé depuis huit jours, que ce beau christ est une merveille. On dirait que le sang divin sort des sept plaies ; on est ému rien qu'à voir la couronne d'épines s'enfoncer dans ce front auguste. Quel sourire affligé ! les larmes tombent encore de ces beaux yeux fermés à la douce lumière, et l'on ne saurait douter que le supplicié des enfants d'Israël ait entendu retentir à ses oreilles le bruit du voile qui se déchire dans le temple de Jérusalem. Voyez donc les clous d'airain dans ces mains faites pour bénir le monde, et ces deux pieds transpercés !... Tu peux venir ici, apôtre Thomas, tu verras vraiment tout le supplice, et tu croiras à la mort divine, à la divine résurrection. La vie, en effet, s'est arrêtée en ce beau corps, et cependant le cœur bat, le sang coule dans les artères. Voilà, Monsieur, l'effet produit par la contemplation de ce bel ouvrage; et, voyant toute l'émotion de la mourante à ce touchant spectacle, j'ai pensé à vous demander à qui donc appartenait ce calvaire ? Il faut qu'il ait été touché par quelque sainte ou quelque martyr. »

Le chevalier de Peilhon écouta, non pas sans l'orgueil du propriétaire, cette innocente louange de l'un des plus beaux morceaux de sa collection.

« Monsieur l'abbé, dit-il, malgré votre charité pour les petits ridicules de votre prochain, je suis bien sûr que vous avez souri mentalement à ma passion pour les fragments du temps passé. Vous vous êtes dit, pensant à moi : « C'est un maniaque », et vous m'aurez noté pour un gros péché véniel. Voyez cependant la toute-puissance et l'autorité d'un chef-d'œuvre. A peine entrevu, votre pénitente a retrouvé la foi et l'espérance; elle a compris toutes les douleurs de la Passion; elle a suivi, pleurante, le chemin du Calvaire; elle a entendu le grand cri de notre Sauveur appelant son père à son aide. Elle adore, en ce moment, la

Vierge aux blonds cheveux et les saintes femmes agenouillées au seul tombeau qui n'aura rien à rendre au jugement dernier. Eh bien! ce grand miracle, il le faut rapporter à l'artiste à qui nous devons cette ineffable représentation du grand drame accompli sur le Golgotha. L'orfévre excellent a laissé sur ce morceau d'ambre et de lapis toute son âme avec toute sa croyance; et maintenant, je l'espère à mon tour, vous ne douterez plus des miracles que peuvent accomplir les véritables peintres et les vrais sculpteurs. Supposez dans les mains de cette femme à l'agonie une image vulgaire, un christ taillé dans le buis par quelque manœuvre, et vous verrez si la mourante aura souvenance des paroles de sa première communion! Voilà donc, monsieur l'abbé, ce qu'on peut appeler une excuse à ma passion. »

Et comme si cette passion d'antiquité eût été contagieuse, et que l'abbé Antoine, austère vieillard et chrétien tout d'une pièce, eût été piqué de la même tarentule :

« Il faut donc, reprit-il, que cet orfévre ait été saint Éloi lui-même? On comprendrait alors le miracle, et l'attrait de l'Évangile n'y perdrait rien.

— Non, monsieur l'abbé, ce n'est pas à saint Éloi, dans une époque où les ténèbres étaient partout, mais à l'ami de Raphaël, aux premières clartés du

seizième siècle, que nous devons ce bel ouvrage.
En regardant à la loupe, au bas de la tête de
mort, sous les pieds du Christ (ô mort! ta victoire
est là!), on voit très-facilement trois F, c'est-à-dire
Francesco Francia fecit. Ce Francia était orfévre
et peintre à Bologne; il avait reçu des leçons de
Raphaël, et son maître l'avait chargé d'offrir en
son nom, à la ville de Bologne, un tableau représentant sainte Cécile en extase, écoutant les concerts célestes. On raconte que le jour même où le
prince, l'archevêque et les habitants de la ville,
réunis dans la vaste cathédrale, attendaient le
moment de contempler cet illustre ornement de
leur église, le grand orfévre, ému jusqu'au fond
de l'âme, ayant soulevé la toile qui couvrait la
Sainte Cécile, et les musiciens et les chanteurs
de la chapelle entonnant un cantique à la louange
de leur divine patronne, il advint que Francia fut
frappé d'une si vive admiration que soudain les
prêtres qui l'entouraient le virent pâlir et fléchir.
Il tomba en prononçant le nom de Raphaël, et se
brisa le front sur les marches de l'autel. On l'eût
pris, de loin, pour saint Paul sur le chemin de
Damas. »

A ce récit, le vieillard resta muet et fit mentalement une prière en l'honneur de l'orfévre de Bologne. Ainsi, sans le vouloir, ce brave homme entrait peu à peu dans la religion païenne et chrétienne à la fois, dont ce cabinet des antiques était rempli. Quand il se fut un peu remis de ces étonnements, l'abbé Antoine interrogea, d'une façon qu'il croyait très-habile, le propriétaire de ce beau christ dont la mourante avait refusé de se dessaisir.

« Monsieur, dit-il, j'entendais ce matin même M. le docteur Andral, un savant catholique en même temps qu'un grand médecin, qui disait, parlant de cette croix de lapis où le Christ est attaché : « Voilà ce qui s'appelle un bel ouvrage, « où l'art est de beaucoup supérieur à la matière ! « Encore que ces clous de fer aient pour tête un « diamant noir, non certes, l'or, l'ambre jaune et « les diamants ne sont rien, comparés à l'exécution « d'un travail si parfait. » A ces mots du docteur Andral, pensez donc, monsieur l'antiquaire, si j'ouvris de grandes oreilles. « Enfin, monsieur le « docteur, répondis-je en tremblant, combien d'ar« gent cela vaut-il ?—Je n'en sais rien, dit M. An« dral; mais ça vaut beaucoup. J'ai vu un amateur « (il n'est pas loin d'ici) payer trente mille francs « deux chenets d'argent aux armes du cardinal de « Mazarin. Il y avait bien pour mille écus de « métal. »

Et le vieux prêtre, après un silence :

« O mon Dieu! dix mille écus dont je réponds... Oui, mais aussi je répondais d'une âme... Elle est sauvée! »

Il promit cependant au chevalier que le lendemain, au plus tard, il lui rapporterait la croix de Francesco Francia.

IV

La malade expira sur le minuit. Les gémissements d'une enfant qui pleurait réveillèrent le chevalier de Peilhon; il comprit tout ce deuil au-dessus de sa tête, et se mit à songer à l'épouvantable mort. Il pensa qu'un jour ou l'autre il lui faudrait quitter ces marbres, ces tableaux, ces beaux livres, tout son entourage, et qu'une fois encore ces précieux fragments seraient livrés aux quatre vents du ciel. L'aurore le surprit dans ces tristes réflexions, et, comme il détestait l'attirail funèbre, il partit en toute hâte du côté de l'Océan. Là, chaque été, il habitait une cabane, et ces murailles toutes nues, ces meubles rustiques, ce lit sans rideaux, le reposaient de son luxe ordinaire. Il passa tout un mois dans cette étrange contemplation du flot qui descend ou qui monte en gron dant; puis il revint à Paris, dans sa maison, où il découvrit, avec ce regard qui voyait toute chose, la trace effacée à demi des tentures funèbres. Il fit réparer de son mieux les brèches faites à la pierre de taille, et, quand sa maison fut rajeunie, il demanda le détail de cette mort, dont il s'était beaucoup trop occupé à son sens.

« Monsieur le chevalier, lui répondit son homme d'affaires, les funérailles de votre locataire ont été fort décentes; mais, pour douze voitures de grand deuil, l'assistance était peu nombreuse et disparaissait dans la vaste église tendue de noir. Comme vous êtes un des créanciers de la dame pour dix-huit mois de son bail (et vous me rendrez cette justice que ce n'est pas ma faute, ayant eu soin de vous prévenir, à chaque trimestre, que vous n'étiez pas payé), je me suis rendu, en votre nom, à l'assemblée des créanciers de la défunte. Elle vivait d'une grosse pension viagère éteinte avec elle; elle a laissé pour toute héritière une jeune fille qui n'a pas tout à fait dix-huit ans, belle et charmante. Mais elle fuyait le monde, et peu de gens l'ont vue, sinon en passant, par hasard. Cette enfant, m'a-t-on dit, reste assez pauvre, et, sans une plainte, sans rien emporter, sinon quelques hardes à son usage, elle est partie on ne sait où. Les dettes de Mme de Vandenesse ne s'élèvent pas à un gros chiffre, et l'on espère que la vente du mobilier suffira à tout éteindre. Au demeurant, nous avons privilége de propriétaire, et les quinze mille francs que l'on nous doit seront payés sans conteste. On vendra dans l'appartement de la défunte, et j'aurais insisté pour envoyer tout le mobilier au commissaire-priseur si j'avais su que monsieur le chevalier revînt si vite. Au reste, il est encore temps de changer cette disposition. »

Au grand étonnement de son régisseur, le chevalier répondit qu'il ne serait pas fâché de se rendre un compte exact du gage de sa créance, et, comme la garde en était confiée au régisseur lui-même, M. de Peilhon entra dans cet appartement, tout resplendissant naguère de la vie et de la fortune d'une femme élégante, hanté aujourd'hui par la solitude et le silence. En vain les fenêtres restaient ouvertes sous les jalousies fermées, l'âcre senteur de la mort s'élevait des tapis aux corniches. A l'aspect de ces choses vulgaires, le chevalier fut sur le point de s'enfuir; mais le régisseur, qui savait tous les caprices de cet esprit malade :

— Entrons, dit-il, s'il vous plaît, monsieur le chevalier, dans la petite chambre à l'extrémité du salon, et vous y trouverez peut-être un ou deux objets dignes de votre attention. C'est la que vivait et se cachait Mlle Adélaïde, et vous verrez que cette aimable jeune fille aimait les choses peu bruyantes. »

A peine entré, le chevalier se trouva dans un vrai sanctuaire. Il n'y avait rien de plus simple et de plus doux au regard, au toucher. Une vieille tenture de tapisserie des Flandres, la patrie des deux dames, garnissait toute la muraille. Chacune des choses entrevues par le chevalier au premier chapitre de cette histoire était à sa place. On comprenait, à l'état de sa couchette, que la jeune fille, absente et présente, avait passé bien des nuits au chevet de sa mère. Elle avait négligé d'emporter un miroir de Venise enrichi d'arabesques, un petit cabinet d'écaille de tortue à neuf tiroirs, et dans les tiroirs elle avait laissé sa montre en émail, avec la chaîne et deux petits bracelets d'or. Ses livres mêmes (ils avaient été lus souvent), étaient restés dans sa corbeille à ouvrage. Il y avait un La Fontaine, un Lamartine, une *Imitation de Jésus-Christ*, l'*Histoire romaine* de Rollin, un Racine et même un Schiller en allemand. Mais ce qui frappa surtout le chevalier, ce fut un petit livre intitulé : *Heures du soir*. Ces heures du soir étaient représentées, naturellement, par une suite d'élégies où se répandait en prières, en rêveries, en blasphèmes enfantins, l'âme ardente d'un jeune homme. Le livre sortait d'une presse élégante; il était imprimé sur papier fin, et la main du poëte, à coup sûr, l'avait décoré d'une image où l'on voyait le jeune inspiré assis sur un rocher, un chien à ses pieds, une lyre en sa main, les yeux au ciel. Un ruisseau coulait dans la prairie, un château gothique élevait ses tours dans le lointain.

Mais, surprise encore plus rare! le livre avait été coupé; que dis-je? il avait été lu! Une main légère et complaisante avait souligné les plus beaux vers. De petites notes, sur la marge, expliquaient les passages obscurs, et lorsque le poëte arrivait, à la façon d'un lord Byron de contrebande, à la négation divine, le crayon, indigné, effaçait ces passages malencontreux. Voilà dans quel état inespéré se trouvaient les *Heures du soir* du chevalier Arthur de Lassailly. Arthur de Lassailly était un pseudonyme derrière lequel se cachait si bien le chevalier de Peilhon que pas un de ses plus intimes amis ne l'avait reconnu.

Il fut donc très-émerveillé rencontrant enfin dans ce milieu virginal un exemplaire de son poëme, un exemplaire qui avait été lu par ces beaux yeux. Même il lui sembla qu'un doux parfum était resté dans ces pages immaculées. Il prit le livre avec la résolution de l'emporter.

Bientôt, d'un regard affectueux et presque tendre, il ouvrit la petite armoire où la jeune fille avait placé en bon ordre le beau linge et les robes parées qu'elle avait laissées pour aider, sans doute, à payer les créanciers de sa mère. Ici encore on retrouvait la grâce et le goût d'une honnête jeunesse; un tablier de taffetas vert à dents de loup, des chemises de toile de Hollande et des mouchoirs de toile de batiste. Une robe de taffetas rose, une robe de gros de Naples, une robe brodée, une écharpe, de belles ceintures, un parasol de taffetas vert; deux éventails où dansait une kermesse de Téniers, un flacon sans odeur, des bas à jours et deux paires de souliers en prunelle, en satin. Le pied charmant avait assez posé sur la mignonne chaussure pour y laisser son empreinte, et pas assez pour que l'on vît que la dame avait marché. De toutes ses trouvailles, celle-ci fut la meilleure aux yeux de notre antiquaire, et même il en oublia les *Heures du soir*.

« Maintenant, dit-il à son régisseur, qui était habitué à tous ses caprices, maintenant, je suis assez payé. » Et il rentra chez lui, déposant la petite chaussure à la place encore veuve du christ de Francesco Francia.

V

Le surlendemain, le grand jour de la vente, on vit arriver des premiers, non pas sans étonnement, M. le chevalier de Peilhon. Il honorait très-rarement les ventes de sa présence, à moins qu'il ne fût poussé par quelque œuvre irrésistible. Alors, rien ne lui coûtait pour satisfaire sa passion. Sitôt qu'il parut, M. le commissaire-priseur se leva, très-empressé à lui offrir un fauteuil. D'abord, tout se vendit vite et bien ; le lit, les tentures, le tapis de la chambre et du salon, tout disparut, emporté par les revendeurs et les marchands. Quand vint le tour de la garde-robe, un très-beau châle et de belles dentelles furent adjugés au chevalier. Il eut aussi le grand soin de ne pas livrer aux négociants du carrefour les dépouilles intimes de la morte. Il songeait à la jeune héritière, et qu'elle serait consolée en retrouvant ces épaves des derniers jours. Les tableaux, décrochés de la muraille, obtinrent à peine un regard des amis de la bonne peinture ; mais les bourgeois se disputèrent les cadres dorés : tout ce qui brille à bon marché plaît à la multitude. Enfin, quand le dernier meuble eut trouvé son maître, il y eut un moment de silence, d'arrêt, chacun préparant ses forces pour le fameux piano qui avait causé tant de joie et de douleur au chevalier.

On eût dit que ce grand diable d'instrument, qui tenait tant de place, était rempli d'une grâce infinie. Il n'était pas un voisin, d'un bout à l'autre de la rue, qui n'eût rendu justice au son formidable de ce véritable orchestre. Enfin, chose incroyable! ils admiraient surtout, dans ce grand capharnaüm de toutes les mélodies, ce tambour, orné de ses clochettes, dont le bruit charmait tout le quartier. Ils poussaient le piano pour obtenir le tambour ; mais le moyen de résister aux volontés du chevalier de Peilhon !... Après une lutte assez courte, le piano lui resta ; et comme on lui demandait ce qu'il en voulait faire :

« Qu'on l'emporte au fond de la deuxième cour, dit-il, et qu'on le brise à coups de marteau. »

A ces mots, un murmure indigné parcourut toute l'assemblée, et la fin de la vente fut remise au lendemain.

Ce jour-là, M. le commissaire-priseur, indiquant l'appartement de la jeune fille, où personne encore n'était entré :

« Nous vendrons, dit-il, tout l'ameublement en bloc. Il y a marchand à quinze mille francs. »

C'était deux fois plus que ne valait le doux

sanctuaire : aussi ne se trouva-t-il pas un seul acquéreur pour surenchérir, et la foule, en s'éloignant, se moqua tout haut de l'acheteur anonyme. Elle ne comprend pas ces sortes de dévouements, la foule, ignorante des bons instincts ; elle s'en venge en disant : « Est-il bête ! » Le chevalier eut la satisfaction d'entendre, à diverses reprises, cette aimable explication.

Son plaisir fut, plus tard, de réparer l'appartement que la mort avait si cruellement visité. Il fit gratter les dorures : un ton plus doux remplaça ces tons criards ; il fit remplacer le tapis de l'escalier, foulé par tant de pieds plats. Il n'était pas jusqu'au plafond, surchargé de petits Amours cachés dans le nuage, qui ne reçût une teinte uniforme. En un mot, cette habitation, arrangée à plaisir pour une grande coquette, ne pouvait plus loger qu'une femme sérieuse. Ainsi, tout fut changé ; seulement l'humble et charmant réduit fut respecté, le chevalier ayant déposé en ce lieu ce qu'il avait racheté à l'intention de Mlle de Vandenesse.

Toute chose étant arrangée, M. de Peilhon voulut présider en personne l'assemblée des créanciers, et son premier soin fut de dire à ces braves gens qu'il renonçait à son privilége. A ce compte, il y eut de l'argent pour tout le monde, et, les frais mêmes étant payés, il advint que la demoiselle absente, avec le bonheur douloureux de savoir que toutes les dettes de sa mère étaient éteintes, eut le droit de réclamer les petits meubles à son usage, et même un charmant dessin que Paul Delaroche avait exécuté pour Mme la dauphine.

« Elle viendra sans doute ! elle viendra ! » se disait l'impatient chevalier.

Mais quoi ! les heures et les jours se passaient, et la belle absente ne donnait pas signe de vie. En vain les journaux judiciaires avaient expliqué la position de Mme de Vandenesse et sa complète libération... rien ne venait de ce côté-là, pas plus que si la jeune fille eût été morte à son tour. Les journées, désormais, paraissaient bien longues au jeune antiquaire. Il eût voulu, pour tout au monde, éloigner l'inquiétant souvenir d'une ombre à peine entrevue... il y revenait toujours. Il lui semblait qu'elle était cachée en ce logis silencieux, et qu'à l'heure de minuit elle venait chercher sa mère. Il y eut, cet été-là, deux ou trois grandes tempêtes, l'éclair déchirant le nuage et la pluie tombant à torrents. Eh bien ! il croyait entendre, en ces moments d'épouvante, la complainte de Beethoven et ce cri parti du cœur du grand artiste : « Adélaïde ! Adélaïde ! » Une nuit même, il fut frappé du bruit des clochettes et du tambour ;

et, qui l'eût cru? à son réveil, il regretta ce grand tapage. Bref, c'était une passion insensée et d'autant plus dangereuse qu'il se disait : C'est impossible! à quoi bon? Le chevalier de Peilhon ne saurait donner le nom de son père à la fille de Mme de Vandenesse!

Encore une fois, il était bien malheureux, se demandant sans cesse et sans fin en quel lieu cette aimable enfant s'était cachée, et par quel miracle il la retrouverait?

Un soir qu'il était plus affligé que jamais, il prit dans sa main tremblante un des petits souliers qu'il avait posés sur la table où il plaçait ses plus belles choses, et, comme il le portait à ses lèvres, il se rappela, pour la première fois depuis son malheur, la croix d'ambre qu'il avait prêtée à la mourante. En même temps il se souvint que l'abbé Antoine avait promis de la lui rendre, en disant qu'il en répondait. Ce fut comme un éclair dans sa tristesse et dans son désespoir. Sans nul doute, l'abbé Antoine était engagé d'honneur à retrouver Mlle de Vandenesse, ou tout au moins à réclamer de sa justice un bijou si précieux.

Donc, de très-bonne heure, le chevalier se rendit à pied dans le logis du vieux prêtre, et, sur l'indication de sa servante, il s'en fut le chercher dans un confessionnal de Saint-Séverin, entouré des plus pauvres et des plus misérables enfants de la paroisse. C'était le lot du digne abbé : confesser les pauvres gens, invoquer la pitié des riches, démontrer aux créatures abandonnées que Dieu est là-haut, qui prend en pitié toutes les misères. Très-rarement le bonhomme avait rencontré quelques-unes de ces pénitentes entourées de fortune et de respects. Le plus beau jour de cet humble épiscopat fut le jour où il fut appelé en toute hâte au nom d'un jeune homme percé en duel d'un coup d'épée. Il se mourait, appelant son père, et quand l'abbé lui répondit : « Me voilà ! » ce pauvre enfant, le dernier héritier d'un grand nom, implora sa bénédiction d'un regard plein de larmes. Ce jour-là notre abbé comprit que la douleur est égale pour le fils du mendiant, pour le fils du patricien.

Quand il eut achevé sa tâche ingrate de tous les jours, l'abbé Antoine accourut au-devant du chevalier. Bientôt sortis de l'église, il y eut entre ces deux hommes une explication qui semblait inévitable.

« Ayez la bonté, monsieur l'abbé, dit le chevalier, de vous souvenir que j'ai confié, confié à vous seul, l'une des plus belles pièces de mon cabinet. Vous m'avez promis, positivement promis, de me la rendre, et, depuis tantôt six mois, comme un débiteur insolvable, vous ne m'avez pas fait l'honneur d'une seule visite. »

Il dit cela d'un ton très-ferme, appuyant sur chaque parole, et dans un accent tel que la réplique était difficile. Le pauvre abbé, très-interdit, ne savait que répondre. Il était semblable à quelque méchant pris dans son propre piége ; il tournait et retournait autour des questions que lui faisait l'antiquaire irrité, sans trouver un seul mot à dire.

« Enfin, monsieur l'abbé, reprit le chevalier, vous savez du moins en quel lieu je puis retrouver Mlle de Vandenesse, et si vous ne voulez point lui parler de cette importante affaire, eh bien ! moi, je lui en parlerai. »

A ces mots, le pauvre abbé courba la tête ; il cherchait, sans la trouver, une issue à ce fatal dilemme. Il rougissait, il se taisait, ou, s'il voulait parler, le souffle et la voix lui manquaient. Comme il était simple et sans mensonge, il convint qu'il savait dans quel lieu s'était réfugiée et cachée la fugitive. En souvenir de sa mère, elle l'avait pris pour le directeur de sa conscience, et pas une fois le confesseur et la pénitente n'avaient songé à la croix de l'orfévre italien : tant l'idée était absente du chef-d'œuvre égaré dans un si grand deuil !

« Au moins, dit le chevalier, qu'elle me dise où je puis retrouver mon bien. Est-il perdu?... je m'en consolerai. Mais si, par trahison, la jeune personne l'a gardé comme un souvenir de sa mère, il est bien juste qu'elle exprime un regret dont je me contenterai bien volontiers. Voilà donc, monsieur l'abbé, tout ce que je demande : une réponse à ma juste réclamation ; un regret si la chose est perdue ; une excuse si, par mégarde, elle est restée entre les mains de l'orpheline. A défaut de mon chef-d'œuvre, un peu d'amitié me suffirait. »

Quand le chevalier eut parlé, l'abbé Antoine, comme s'il fût revenu d'un songe :

« Il est juste, en effet, que vous rentriez dans ce bien qui vous est si précieux. J'en ai répondu, non pas sur ce que je possède... je n'ai rien, mais sur mon propre honneur ; et je reconnais que c'est ma faute si vous êtes, depuis six mois, dans cette inquiétude. Ayez compassion, Monsieur, d'un vieillard sans expérience et parfaitement ignorant des œuvres dont vous faites tant de cas. Accordez-moi, je vous prie en grâce, jusqu'à la fin de ce jour, le temps de redemander à Mlle de Vandenesse la permission de vous indiquer sa demeure ou l'objet que vous réclamez. Je n'ai pas le droit de manquer à ma promesse envers elle, pas plus que je n'y veux manquer envers vous. Cependant quelque chose est là qui me dit que vous me donnez une commission cruelle, et que cette enfant, sans autre protection que la mienne, répandra tantôt bien des larmes, voyant sa retraite ou son secret connu de vous. Mais, vous le voulez, j'obéirai. Attendez-moi ce soir dans votre maison. »

Et le vieux prêtre, le cœur gros de soupirs, reprit le chemin de la vieille église, asile de toutes les consolations.

VI

Tout le reste du jour parut insupportable à l'impatience du chevalier de Peilhon ; mais le soir venu, lorsqu'il entendit l'abbé Antoine qui demandait à lui parler, son cœur se serra comme à l'approche d'une triste nouvelle. Au premier aspect du prêtre, il jugea que ses pressentiments ne l'avaient pas trompé. Le vieillard s'assit en silence et loin de la lampe à la douce clarté, et lorsqu'enfin il eut repassé dans sa mémoire, et jusqu'au moindre détail, son entrevue avec Mlle de Vandenesse, d'une voix très-calme, il raconta ce qui s'était passé :

« Monsieur, dit-il, je viens de voir une enfant qui porte un cœur viril ; dans les regards les plus timides, j'ai vu briller un esprit ferme ; un grand courage est caché sous ces apparences délicates. Au premier mot de ma réclamation, que je trouve un peu moins juste à présent que je l'ai faite, elle a compris toute ma peine. Je l'ai vue à la fois rougir et pâlir ; deux grosses larmes tombaient de ses yeux ; sa main droite était collée à sa main gauche ; un grand combat se livrait dans cette âme. Elle pouvait cependant me répondre qu'elle ignorait la valeur de cette croix, si généreusement prêtée et si malheureusement réclamée. En effet, j'avais oublié de lui dire à quel point le possesseur tenait à cet ornement de son cabinet. A peine si la mère elle-même avait compris qu'on lui réclamerait cette consolation suprême. « Mon père, m'a-t-elle dit de sa voix angélique, ayons bon courage ; et, puisqu'il faut absolument que je manque à la parole donnée à ce lit de mort, vous verrez si j'étais coupable et si l'on peut m'accuser d'avoir manqué de prudence. » Alors, elle nous a donné rendez-vous pour demain, à sept heures du matin, en ajoutant que vous seriez satisfait. Voilà le résultat de mon ambassade. Et maintenant, Monsieur, si vous voulez savoir le tumulte effrayant de ma conscience, je vous dirai qu'il n'y a rien de plus funeste que notre rencontre et mon entrée dans ce pêle-mêle profane, où toutes les idées sont confondues avec toutes les croyances. Je n'ai pas le droit de vous faire aucun reproche, mais j'ai le droit de me plaindre, étant misérablement tombé dans un piége où j'ai laissé ma force ici-bas, la tranquilité de mon âme et de mon esprit. Ah! qu'ai-je fait quand j'acceptais un bijou à l'usage des femmes élégantes pour servir à la conversion d'une créature vaine et futile? Insensé que j'étais! Cette femme adorait l'ornement, quand je m'imaginais qu'elle pleurait sur le supplice. Donc, maintenant, je suis en doute si cette âme est sauvée, et je me repens de toutes mes forces de cette espèce de séduction qui s'empare des âmes les plus perverties sous le vain prétexte d'admirer une belle chose. Enfin, grâce à Dieu! j'ai le temps de me repentir. Je ferai pénitence en priant pour vous, qui, sans le vouloir, m'avez fait tant de mal. »

C'est ainsi que ce brave homme, en théologien convaincu, se lamentait sur sa propre hérésie. Antoine Arnauld ou Bossuet lui-même lui auraient démontré qu'il était en plein quiétisme, il n'eût pas été plus confondu et plus repentant.

VII

A peine il faisait jour, le chevalier monta en voiture pour aller prendre l'abbé Antoine. Celui-ci était déjà debout et lisait son bréviaire. Ils partirent aussitôt pour le rendez-vous annoncé, et le chevalier s'étonna quelque peu quand, au bout d'un quart d'heure, il se trouva sur le seuil du cimetière du Mont-Parnasse. La porte était fermée, et tout dormait encore dans la funèbre enceinte. Une jeune fille était là, cependant, grelottant sous le vent de bise, accompagnée d'une femme qui aurait pu être sa grand'mère. A cent pas de distance, on eût pu distinguer un jeune homme; mais, pour le voir, il eût fallu être averti qu'un jeune homme attendait dans ces nuages du matin. En franchissant le seuil de ces domaines de la mort, le chevalier de Peilhon fut envahi d'une immense tristesse. Il ne savait plus ce qu'il était venu faire, à cette heure et par ce rude hiver, en ce lieu misérable. Sous ses voiles épais, dans ce triste habit de deuil, les pieds et les mains dans la laine et la tête baissée, errante à la façon d'une ombre et retrouvant son chemin dans ce dédale inextricable des vieilles tombes à demi brisées, des croix vermoulues, des inscriptions effacées, difficilement il eût reconnu la jeune fille à peine entrée en son avril. Cependant le cortége allait silencieux à travers ces poussières. La jeune fille marchait la première, écartant de sa main les branches desséchées des saules morts; le vieux prêtre arrivait à la suite, en proie à une émotion mal contenue; après l'abbé venait l'antiquaire, et le chevalier, ami des belles ruines, enthousiaste des fragments divins, s'étonnait de rencontrer sous ses pas tant de vestiges affreux. Ils marchèrent ainsi pendant vingt minutes. Il était grand jour quand ils arrivèrent sur un monticule où se dressaient quelques-unes de ces tombes choisies qui portent à leur fronton le nom d'une famille, c'est-à-dire : Ici reposent sous la même voûte l'aïeule, le grand-père et le père, et les enfants des petits-enfants, le vieillard et le nouveau-né. La fille en deuil s'arrêta devant l'une de ces maisons mortuaires ; elle avait le secret de la grille, et la porte s'ouvrit; alors elle invita l'abbé Antoine et le chevalier à pénétrer dans l'enceinte, et ce geste avait tant d'autorité que les deux hommes obéirent malgré la profonde horreur dont leur âme était pénétrée. Il y avait là dedans quatre ou cinq cercueils différents de forme et d'aspect, chacun portant sa date. On distinguait tout d'abord, sur la tablette du milieu, le cercueil le plus récent. A la voûte, et dans une lampe funèbre, brillait une flamme aussi pâle que cette aurore. Après un silence qui parut bien long, surtout au chevalier de Peilhon, qui ne priait pas, la jeune fille, ôtant de son cou une clef d'acier, la tendit au chevalier. C'était encore un commandement, et le chevalier ouvrit le cercueil. La morte était là, dans l'habit de fête qu'elle avait indiqué à sa fille : dentelles, rubans, voiles, tout l'attirail. On ne voyait pas le visage ; les pieds étaient cachés sous une courte-pointe ; il n'y avait de découvert que les deux mains noircies par les aromates, et dans ces deux mains croisées l'une sur l'autre resplendissait la croix byzantine.

Du fond du cercueil s'exhalait la violente odeur des parfums que l'embaumeur avait introduits dans ces veines où rien ne battait plus. Spectacle affreux, mais attachant ! Le vieil abbé disait l'antienne suprême, et le chevalier éperdu contemplait, pendant que la jeune fille aux pieds de sa mère et l'invoquant au milieu des sanglots :

« O ma chère maman ! disait-elle, ayez pitié de votre abandonnée, et pardonnez-lui si elle viole aujourd'hui votre repos éternel. Nous venons réclamer, chère maman, ce bijou trop précieux pour une morte, et voilà le prêteur qui le réclame ! »

En même temps, elle baisait avec transport ces pieds adorés; elle pleurait, elle sanglotait, elle se taisait.

Le prêtre alors, tournant son regard attristé vers le jeune homme, aurait essayé de l'attendrir; mais, bonté divine! le chevalier était tout en larmes.

« Fermons, s'écria-t-il, fermons ce cercueil. Ne séparons pas cette pauvre femme de cette image avec laquelle elle a voulu partir de ce monde. Celui-là sera maudit qui la privera de son divin gardien. Et vous, Mademoiselle, à votre tour ayez pitié d'un homme innocent de tous les malheurs dont vous avez souffert. Un seul mot de votre bouche eût apaisé tous mes regrets; mais, pardonné ou non pardonné par vous, je ne me consolerai jamais d'avoir fait verser tant de larmes. »

En même temps, il abaissait doucement le couvercle, orné de clous d'argent sur la tenture noire; il fermait à double tour la serrure, et, prenant sous le bras la jeune fille à demi morte, il la déposait sur une tombe à fleur de terre. Il n'y a pas d'autre siége en ces domaines des ombres glorieuses et des ombres sans nom.

Cependant les morts d'hier arrivaient pêle-mêle; un coup de sonnette annonçait leur entrée, et c'était le dernier bruit qu'ils faisaient dans ce bas monde. A cette heure enfin, les portes du cimetière étaient toutes grandes ouvertes ; on fit avancer la voiture du chevalier, et bientôt le carrosse, au trot de deux chevaux anglais, emporta Mlle de Vandenesse avec la dame qui l'accompagnait, le prêtre assis sur le devant de la voiture. Quant au chevalier, il revint seul, chancelant comme un homme ivre.

VIII

Heureusement un jeune homme à la haute stature, celui-là même que nous avons entrevu dans le lointain, voyant chanceler le chevalier de Peilhon, lui offrit son bras et l'entraîna hors du cimetière. Ils allèrent à pied longtemps sans mot dire, et, qui le croirait ? la première interrogation vint du chevalier. Il voulut savoir le nom et la profession de cet ami inconnu. Celui-ci répondit qu'il se nommait Gabriel Sencier, qu'il était professeur de belles-lettres dans le pensionnat même où Mlle de Vandenesse donnait à des jeunes filles qui étaient presque de son âge des leçons de chant et de piano.

« Mademoiselle a voulu, ajouta-t-il, comme elle

devait sortir de si bon matin, que la maîtresse de pension l'accompagnât, et moi-même elles m'ont prié de les suivre, afin de leur prêter main-forte au besoin. Je n'ai rien à refuser à la dame non plus qu'à la demoiselle, et je leur obéis en bon camarade. Nous habitons tout à l'extrémité du faubourg Saint-Jacques, dans un quartier séparé du monde, une assez vaste maison. Là, nous vivons de peu, mais dans une paix profonde, et quand madame a payé toute notre dépense au dernier jour de l'année, elle est contente. »

En même temps, se voyant écouté, le jeune professeur expliqua comment Mlle de Vandenesse, aussitôt qu'elle se vit sans ressources, était revenue à son pensionnat, où elle avait trouvé l'abri et le toit de chaque jour.

« Monsieur, ajoutait le jeune homme, on trouverait difficilement une jeune fille plus vaillante et plus résignée. Elle accomplit sans une plainte les fonctions difficiles de la sous-maîtresse. Elle assiste au lever d'une vingtaine de fillettes, dont elle est la première servante, et, quand tout son petit monde est lavé, peigné, habillé, elle préside aux leçons du matin. »

Il eût parlé plus longtemps, se voyant écouté avec toute attention, si la voiture du chevalier n'eût repris celui-ci en repassant. A peine si M. de

Peilhon eut la force de dire au jeune homme, avec ses remercîments, la pressante invitation de le visiter chaque dimanche. Lorsqu'il fut rentré dans son logis, il s'enferma tout le reste du jour, ne voyant pas, n'entendant rien, très-fatigué, très-malheureux ; parfois seulement l'image errante de l'aimable orpheline et ce sourire attristé plein de reproche et de pardon passaient devant ses yeux comme le rêve d'une nuit d'hiver.

Le dimanche étant venu, le jeune professeur, Gabriel Sencier, n'oublia pas le rendez-vous du chevalier et se présenta, vêtu de son plus bel habit, dans ce logis superbe où Dieu sait s'il était attendu. M. de Peilhon, en le revoyant, vit le ciel ouvert ; il ne pouvait se lasser de contempler le *confrère* et l'ami d'Adélaïde. Il n'attendit pas que le jeune homme, assis à sa table, eût brisé son pain pour l'interroger sur tous ces détails qu'il désirait savoir. Elle était donc bien pauvre et bienfaisante ? Elle était donc la mère et le gardien de ces enfants ? Mais pourquoi s'était-elle ainsi cachée ? Elle avait donc bien de la haine et bien du mépris pour son voisin l'antiquaire ? Et ceci, et cela, tout ce que peut dire un amoureux qui se cache à quelque rhéteur de bon appétit qui déjeune. Il fut très-heureux pendant une heure, oui ; mais le vin de Grave ayant rempli de fumée et d'espérance le frêle cerveau de notre professeur d'histoire, M. de Peilhon finit par comprendre, ô douleur! que ce rustre aspirait à la main de Mlle de Vandenesse, et même qu'il ne doutait guère d'être accepté pour mari, sitôt qu'il aurait passé son examen de licence. Ah! quelle misère, et que c'était tomber de haut! Cependant notre chevalier se rassura quelque peu, en comparant la rusticité du professeur avec l'élégance et la beauté de sa camarade, et plus le bachelier était joyeux, plus le chevalier se disait : « C'est impossible! on n'a jamais vu la colombe accepter les hommages du corbeau. » Mais il avait beau dire, le corbeau l'inquiétait.

Avant de se séparer, il fut convenu que M. le professeur donnerait chaque dimanche une leçon de rhétorique au chevalier, dont l'éducation était *fort négligée*, et même le professeur accepta que chaque leçon lui serait payée un louis d'or.

« C'est bien de l'argent, dit-il, mais la communauté sera contente, et nous pourrons nous maintenir. »

Voilà comment il y eut société véritable entre l'élève et le maître, avec cette heureuse différence, que l'élève, à son tour, devint bientôt le maître, et que le futur licencié reçut du chevalier les meilleures et les plus utiles leçons. M. de Peilhon était un bon helléniste : il savait par cœur Homère et

Thucydide; il savait le latin presque aussi bien que M. Victor Leclerc, et lisait Horace et Virgile à livre ouvert. Ajoutez que le *disciple* était un homme intelligent, qu'il avait rencontré jusque-là des maîtres qui ne savaient guère, et qu'il profitait merveilleusement de ces leçons inespérées.

— S'il est vrai, pensait le chevalier, que Mlle de Vandenesse ait quelque goût pour ce garçon, je veux qu'il soit moins indigne d'elle et que j'aie à rougir un peu moins d'un pareil rival.

Du reste, le chevalier ne disait son secret à personne. Après ses premières tentatives pour se rapprocher de la jeune orpheline, il avait compris que tout rapprochement était impossible. En vain il eût voulu que l'abbé Antoine interposât son autorité pour faire accepter à Mlle de Vandenesse un peu de cet argent dont il avait trop depuis qu'il n'allait plus même aux ventes célèbres : il était resté suspect à l'abbé Antoine. Le brave abbé se méfiait de cet esprit si cherché et si retors :

« Non, non, disait-il, tais-toi, Satan, je ne veux rien entendre, et loin de moi ton crucifix dangereux, tes reliquaires sans ossements, tes livres d'heures tout remplis de si belles images que l'on oublie, à les voir, de prier Dieu ! Garde pour toi tes chapelets dont chaque grain représente à merveille une scène de la Passion. Je ne suis pas un antiquaire, je suis un chrétien ! »

Voilà comme il parlait, très-furieux contre les tentations du jeune homme ; et pourtant, au fond de l'âme, il l'aimait, il le bénissait. Trop souvent même il en parlait sans le savoir, sans le vouloir, à sa jeune pénitente, et, les yeux baissés, elle écoutait... l'apologie avec la damnation de son jeune amoureux.

Lui, cependant, redoublait de zèle et d'efforts pour que son protégé fît un rapide chemin dans les sentiers de l'Université, notre mère, et pour que la jeune fille qu'il aimait d'une si vive passion fût enfin secourue. Il avait imaginé de payer fort cher au futur licencié certaine copie qu'il indiquait dans les livres d'Aristote, dans les *Analecta* des vieux poëtes grecs, et le disciple obéissant rapportait son travail, qui lui valait beaucoup de science avec beaucoup d'argent. Un jour (c'était la Sainte-Adélaïde), comme le jeune professeur parlait de Mlle de Vandenesse et de sa pauvreté toujours croissante :

« Il serait bon, dit le chevalier, de lui souhaiter sa fête et de lui offrir, puisqu'aussi bien vous êtes riche maintenant, un objet de toilette. »

A cette proposition, M. le professeur, qui n'était pas avare, mais discret :

« Je le veux bien, dit-il, mais c'est très-difficile : il faut d'abord trouver quelque chose, et puis qu'elle consente à l'accepter.

— Qu'à cela ne tienne, répondit le chevalier ; j'ai trouvé, l'autre jour, dans un carton où son nom est écrit, de belles hardes qui appartenaient à Mlle de Vandenesse. Allons les prendre, et si vous n'êtes pas en argent comptant, je répondrai pour vous. »

Justement la boutique était proche ; ils s'y rendirent. M. le bachelier ne remarqua pas un coup d'œil d'intelligence entre la marchande et le chaland. A peine il ouvrit le carton qui contenait toutes les belles choses que l'orpheline avait portées en des temps plus heureux, et, content de son emplette, il l'offrait le soir même à la jeune sous-maîtresse. Ah! qu'elle fut éblouie! et comme elle rendit grâce à celui qui avait retrouvé toutes ces élégances! Elle eût refusé toutes les autres, mais celles-ci lui avaient appartenu : elle n'eut pas la force d'y renoncer une seconde fois. M. le professeur d'histoire était bien heureux. Il conta, huit jours après, sa belle aventure à M. de Peilhon, et celui-ci se fit répéter la moindre exclamation de cette enfant, si pauvre et de si peu contente.

« Oui-da, se disait le chevalier, je coupe, en ce moment, cette belle herbe sous mon pied ; j'avance à mon détriment les affaires de mon rival ; mais qu'importe, si elle est heureuse ? »

En même temps, il achevait d'instruire cet esprit qu'il avait poli lui-même avec tant de soin.

« Allons, mon cher Gabriel Sencier, avant huit jours vous serez licencié, dans six mois vous serez docteur ! »

Véritablement, ce trop heureux professeur gagna haut la main ses lettres de licence, et MM. les examinateurs de Sorbonne, entendant ses réponses, s'étonnèrent de tant de science unie à tant d'atticisme. M. de Peilhon assista de sa personne à toutes ces épreuves, et quand il entendit que son répétiteur était reçu :

« Allez vite, allez vite, lui dit-il, porter cette bonne nouvelle à Mlle de Vandenesse, et n'oubliez pas de lui offrir, de votre part, les plus belles fleurs de Mme Prévost. » Justement les fleurs étaient prêtes, et le jeune homme apporta tout ensemble aux pieds de la jeune fille œillets, roses et parchemins.

« Et qu'a-t-elle dit de cette réception à six boules blanches ? demanda le lendemain le chevalier ; a-t-elle pâli, et vous a-t-elle fait un beau sourire ?

— Elle a dit : *Ah !* tout simplement, répondit

M. le licencié; puis elle a voulu savoir d'où me venaient ces belles fleurs. Ma foi, mon cher élève, je n'ai pas voulu mentir; je lui ai dit que l'idée de la corbeille était de vous. Elle s'est tue. Elle a rougi, puis, en grand silence, elle a pris la corbeille et l'a portée à l'autel de la Vierge, dans la chapelle où ces dames vont tous les soirs. »

Cette fois, le chevalier fut sur le point d'embrasser son professeur, et, tout de suite, il lui commanda, pour cent louis, de démontrer dans une thèse que plusieurs Pères de l'Église ont cité des vers de Ménandre et de Philémon.

« Oh bien! cent louis! c'est beaucoup, répondit le nouveau licencié, d'autant plus que cette étude me servira pour ma thèse!

— Et nous dédierons cette thèse, mon cher maître, à Mlle de Vandenesse. »

Autre retour victorieux dans le pensionnat, autre étonnement de Mlle de Vandenesse, admirant que le moindre incident tournât si bien pour M. le professeur.

Cependant jugez de la peine et du chagrin de notre amoureux! Durant six semaines, il ne vit pas le répétiteur d'histoire. Il cherchait une cause à cette absence, il ne la trouvait pas. Du moins on écrit : « Je suis malade... » On avait vu, à la bibliothèque Sainte-Geneviève, entouré des plus gros livres, M. le licencié, bientôt docteur. Que de misères! quelles funestes idées remplissaient le cerveau de notre chevalier! Il voulait tantôt forcer la porte du pensionnat, tantôt s'emparer de son répétiteur et le traiter comme un traître. A la fin, comme il ne l'attendait plus, l'homme arriva; non plus, cette fois, glorifié et radieux, mais si blême et si tremblant qu'un œil indifférent aurait eu peine à le reconnaître. De grosses larmes roulaient dans ses yeux, de profonds soupirs s'échappaient de sa poitrine, un frisson traversait sa veine. Enfin M. de Peilhon, n'y tenant plus :

« Au nom du ciel, s'écria-t-il, quel est ce mystère, et d'où vient cet abattement? »

Alors, pleurant et chaque parole entrecoupée d'un sanglot, le jeune professeur raconta que samedi passé, il y avait trois jours, comme il accompagnait Mlle de Vandenesse au logis d'une pauvre malade, et qu'il portait dans un panier les premiers secours, trois jeunes gens sortant d'une maison voisine avaient entouré la jeune fille, exigeant un baiser.

« Les misérables! et qu'avez-vous fait? s'écria M. de Peilhon, quel châtiment leur avez-vous infligé? »

Et déjà il était debout, déjà il décrochait sa plus grande épée; il suffoquait.

— Monsieur, Monsieur, dit le professeur d'histoire, épouvanté du feu de ses regards, Monsieur, j'ai donné un soufflet au plus insolent de ces batteurs de pavé !

— Bien, très-bien, reprit d'une voix plus calme M. de Peilhon ; je n'oublierai jamais, non, jamais, que vous avez su rendre insulte pour insulte. Mais ce n'est pas assez ; aussitôt qu'il s'agit de cette fille admirable, il faut du sang et que nous ayons la vie de l'insulteur. »

Il parlait encore, mais il demeura atterré en voyant l'épouvante envahir le front du jeune savant, si peu fait pour ces luttes sanguinaires.

« Monsieur le chevalier, dit celui-ci, souffrez que je me montre à vous tel que je suis. Je me sens assez de courage et de force pour briser ces jeunes gens l'un après l'autre, mais que l'on tire une épée ou qu'on arme un pistolet, je suis un lâche. Or voilà que ces messieurs, ce matin même, ont envoyé leurs témoins et leurs cartes chez le sergent Boichot, notre concierge, et j'ai répondu, songeant à vous, que mes témoins seraient demain à leurs ordres. Maintenant, ceci vous regarde, à moins que vous ne préfériez ce qu'on appelle *un arrangement*. »

Sur quoi le chevalier, d'une voix brève et nette :

« Il n'y a pas d'arrangement, mon maître, avec

l'honneur. Ce n'est point un arrangement qui va montrer à l'orpheline à quel point elle est bien gardée, et que celui-là qui l'insulte est un homme mort. D'ailleurs, croyez-moi, au fond de votre âme, en l'interrogeant bien, vous trouverez un grand courage; on a toujours peur à la première de ces rencontres nécessaires. Il faut compter sur ses témoins, donc je vous appartiens. Demain, je serai vôtre à l'heure dite; mais, avant de rentrer au logis, il est bon que vous respiriez l'odeur de la poudre et que votre main apprenne à ne pas trembler. »

Hélas! le jeune homme eut beau faire, il tremblait à l'odeur de la poudre, il tremblait au seul contact d'un pistolet.

« Bon! voilà déjà que ça va mieux, » lui dit le chevalier, le reconduisant jusqu'à son logis, et lui racontant, chemin faisant, les miracles de ces belles armes, et comment le jeune David de sa fronde avait tué le géant Goliath.

Cette rencontre avec des jeunes gens mal élevés, sans doute, avait empêché de dormir, mais pour des causes bien différentes, M. l'antiquaire et M. le professeur d'histoire. M. de Peilhon, à tout prix, voulait que l'insolent fût châtié; mais, entre nous, son raisonnement n'était pas exempt d'égoïsme.

« Au moins, disait-il, quand notre amoureux sera tué, je le vengerai de la belle sorte ! »

Les choses en étaient là, très-compliquées, et le dénoûment, certes, était inattendu.

Tout était prêt pour le duel : le jour, l'heure et le lieu ; demain, pas plus tard, à sept heures du matin ; et les deux amis, dans le salon du chevalier, méditaient sur cette illustre aventure, quand un valet de chambre, ouvrant la porte :

« Un étranger est là, dit-il, qui demande monsieur le chevalier. Je lui ai dit qu'il revînt demain ; il a répondu que demain serait trop tard. Il vous prie et vous supplie enfin de lui accorder un moment d'entretien. Voici sa carte. »

O surprise ! c'était la même carte que Gabriel Sencier avait déjà reçue ! Elle portait le nom de Charles de Vandenesse ! Inquiet de ce duel, il venait pour chercher, dans le dernier logis qu'elle avait habité, les dernières nouvelles de sa cousine... et peut-être un peu mieux que sa cousine Adélaïde de Vandenesse.

« En vain, disait-il au chevalier de Peilhon, je l'ai cherchée... On ne m'a dit que ce matin l'habitation de cette jeune parente dont j'ai l'honneur de porter le nom. Aidez-moi, je vous prie, Monsieur, pour que je la retrouve, et que j'assure, avant de courir certains hasards, l'avenir d'une personne qui me tient de si près.

— S'il en est ainsi, Monsieur, vous avez raison. Mais hâtez-vous! Vous insultiez, il y a huit jours, en pleine rue, une jeune fille entourée, à bon droit, de tous les respects. Pauvre elle-même, elle portait ses consolations et ses aumônes aux pauvres du voisinage. Eh bien, Monsieur, soyez puni dignement : la jeune fille insultée est votre parente; elle s'appelle Mlle de Vandenesse. Elle habitait ici un riche appartement avec sa mère, et, sa mère étant morte, elle a renoncé, en faveur des créanciers, même au manteau qui la défendait contre l'hiver. Ce n'est que plus tard, par miracle, que j'appris la retraite où cette enfant sans asile a vécu de son travail, ne demandant rien à personne. Il faut convenir que la voilà bien récompensée de tant d'abnégation et de vertu! »

Le chevalier aurait pu parler fort longtemps, le jeune homme ne semblait pas le comprendre. On lui reprochait un *crime*... il s'était cru jusqu'alors le plus aimable des mortels. Peu à peu cependant, il finit par sentir la vérité, et son cœur se remplit d'un repentir immense. Alors, et comme s'il fût revenu d'un mauvais rêve :

« Monsieur, dit-il, s'adressant au maître d'histoire, acceptez, je vous prie, avec toutes mes excuses, tous mes remercîments. Vous avez été le fidèle gardien de ma jeune parente, et, me rendant outrage pour outrage, vous avez fait votre devoir. Et vous, Monsieur le chevalier, vous le protecteur caché de cette enfant sans père et sans mère, souffrez aussi que je vous remercie, et l'un et l'autre comptez que si Mlle de Vandenesse ne m'a point pardonné demain ma méchante action, avant qu'il soit midi, je serai mort. »

Il dit ces choses-là dans l'accent véritable, et les deux témoins de sa peine purent lire, en effet, un grand repentir dans ses yeux pleins de larmes. Le chevalier le reconduisit très-poliment jusqu'à sa porte, en se félicitant que sa protégée eût rencontré le seul homme qui la pût outrager et solliciter son pardon.

Le lendemain, de très-bonne heure, un vieux sacristain de la paroisse de Saint-Séverin venait prier M. le chevalier de se rendre auprès de l'abbé Antoine, qui demandait à l'embrasser avant de mourir.

« Il était décidé, se disait tout bas M. de Peilhon, que j'assisterais aujourd'hui à quelque rencontre fatale. Allons ! du courage, et partons ! »

Le pauvre abbé Antoine appartenait à la race intelligente qui meurt debout. Il attendait, depuis l'aurore, le chevalier de Peilhon.

« Soyez le bienvenu, lui dit-il. »

Puis, reprenant :

« Monsieur le chevalier, je ne voulais pas mourir sans vous remercier de toutes vos bontés. Vous avez été pour moi un fils vraiment tendre, et pour la jeune étrangère un protecteur véritable. Aucune action douteuse et pas une mauvaise pensée. Elle me disait tout cela hier encore, et je ne trahirai pas sa confession en vous répétant sa reconnaissance. Elle sait tout ce que vous avez fait pour elle ; elle a deviné votre ingénieux dévouement. Enfin, en baissant la tête, elle convient avec moi qu'elle n'a que deux ressources : un couvent qui la garde, un mari qui la défende. Ah ! fasse au moins le ciel que votre esprit si difficile, ce cœur dédaigneux, ces yeux gâtés par des choses curieuses, comprennent, voient, acceptent ! Alors je mourrai content, en vous bénissant tous les deux. »

En ce moment le regard du prêtre devint radieux. On eût dit que, dans ce vieillard épuisé de charité et de bonnes œuvres, la vie allait renaître... Il souriait mieux qu'à la vie, à Mlle de Vandenesse elle-même. Elle l'avait quitté sur le minuit, et la voilà qui revenait, fidèle, à son poste de garde-malade. Elle aussi de son côté, elle était souriante. Un vrai rayon brillait sur cette tête intelligente et charmée. Elle tendit sa main au jeune homme et son front au vieillard. Au jeune homme, elle dit tout bas :

« Merci, je l'ai vu tout à l'heure. Il a crié grâce, et j'ai pardonné ; mais à cette condition qu'il ne parlerait pas de sa fortune, et qu'il rentrerait dans son pays natal. »

Puis, l'un et l'autre, à genoux devant le bon prêtre, ils reçurent sa bénédiction.

« Mes enfants, leur dit-il, quand je ne serai plus, vous garderez fidèlement cette image grossière de Notre-Seigneur, attaché par des clous de fer à sa croix de bois !... »

Et voilà pourquoi, parmi les trésors de l'hôtel de Peilhon, dans ce musée où le chef-d'œuvre est à côté du chef-d'œuvre, est attaché à la plus belle place, entre un *Ecce homo* du Titien et la *Résurrection* de Rubens, le crucifix de ce vieux père du peuple, abondant en espérance et tout chargé de bénédictions.

LA
COMTESSE D'EGMONT

I

La comtesse d'Egmont était seule dans son oratoire. A la voir ainsi abandonnée et silencieuse, on n'aurait pu dire si elle était endormie ou éveillée, si elle était plongée dans la prière ou dans le songe. Toujours est-il qu'elle était bien jeune et bien belle. Elle était la fille unique du maréchal de Richelieu, cet homme qui eut tant d'esprit qu'il a passé toute sa vie pour être un très-proche parent de Voltaire, et tant de bonheur qu'il est mort, et de sa belle mort, sous le roi Louis XVI après avoir été le compagnon et l'heureux témoin de la gloire de Louis XIV et partagé le bonheur de Louis XV. Par sa noble mère la fille du maréchal de Richelieu, Mme d'Egmont descendait des ducs de Guise; elle portait sur son écusson la croix de Lorraine et les alérions d'or. Son père, qui l'aimait avec passion, l'avait mariée au plus grand seigneur des Pays-Bas, Casimir-Auguste d'Egmont Pignatelli. Par ce mariage, la nièce du grand Richelieu et des princes de Guise était devenue comtesse d'Egmont, princesse de Clèves et de l'Empire, duchesse de Gueldre, de Juliers, d'Agrigente, et grande d'Espagne de la création de l'empereur Charles-Quint, côte à côte avec les duchesses d'Albe et de Medina Cœli; en un mot, cette puissante maison d'Egmont descendait en droite ligne des souverains ducs de Gueldre; elle est entrée tout entière dans la tombe avec Mlle de Richelieu.

Depuis son mariage avec le vieux comte, la jeune femme, qui d'abord avait été enjouée et folâtre, devint peu à peu languissante; celle qui avait été si fière naguère de ce grand nom de Guise et de Lorraine s'était presque fait oublier, autant du moins qu'elle pouvait être oubliée, si belle, si jeune et si haut placée. Cet hôtel de Richelieu qu'elle habitait avec son mari, tout à l'heure si éclatant et si rempli de joie et de fêtes, était redevenu silencieux et grave comme s'il eût encore attendu le cardinal-ministre. En un mot, c'était plutôt là une calme et décente maison du XVIIe siècle que le palais d'un favori du roi Louis XV, habité par une jeune femme la plus belle du monde, à cette brûlante époque d'entraînement, de sophisme, d'amour et de plaisir. Tout entière à son ennui, Mme d'Egmont occupait l'endroit le plus reculé de sa propre maison.

D'ordinaire, quand Mme d'Egmont voulait être seule, chacun respectait sa retraite ; son père lui-même, ce frivole Richelieu qui a été jeune et fou jusqu'à la mort, ne se présentait guère chez sa fille à ces heures de silence ; il attendait pour la voir que la comtesse, rendue à elle-même, fût redevenue ce qu'elle était dans les salons ou à la cour, une femme pleine de grâces et d'esprit, dont le sourire, dont la voix, dont le regard, dont le geste royal charmaient tous les esprits et les cœurs. Car, une fois dans le monde, la comtesse redevenait une femme du monde : elle était fière, elle était vive, elle était belle, insouciante de toutes les innovations que ce siècle, à force d'indépendance, de cynisme et d'esprit, introduisait chaque jour dans les mœurs et dans les lois. Cette jeune femme, par son intelligence, par son esprit, par sa grâce parfaite, par cette rare élégance de manières qui commençait à se perdre, mais dont elle

n'avait rien perdu, appartenait bien plus à
Louis XIV, le grand roi, qu'à Louis XV; bien bien
plus à la société passée qu'à la société présente,
plus à Mme de Maintenon, qui était morte, qu'à
Mme de Pompadour, qui s'avançait : c'était une
femme au delà de cette époque toute sensuelle et
dont l'intelligence même était matérialiste ; c'était
la seule femme rêveuse de ce temps-là. Aussi plus
d'une fois, même à l'instant de sa plus grande
joie, tombait-elle tout d'un coup dans ses rêveries
profondes; son œil bleu devenait fixe, son sourire
se perdait au loin dans ce monde sans forme qui
est l'avenir des âmes tendres. On eût dit, à la voir
ainsi immobile et attentive, qu'elle parlait tout
bas en elle-même à un être invisible qu'elle voyait
dans son âme. Pauvre jeune femme, d'autant plus
à plaindre qu'elle vivait dans un siècle moqueur
et sceptique, toujours prêt à rire et à douter !
pauvre femme qui, dans ce siècle de folle joie,
de plaisirs furieux et de poésie embrouillée, ne pouvait espérer d'être comprise par personne, elle qui
était femme, elle qui aimait, elle qui souffrait,
elle qui était poëte, elle qui refoulait sa poésie,
son amour et sa souffrance dans son cœur !

Comme je l'ai dit, Mme d'Egmont était seule
dans son oratoire lorsque M. le maréchal de Richelieu se présenta chez sa fille. Il entra si douce-

ment, ou bien elle était si profondément plongée dans ses réflexions, qu'elle ne l'entendit pas venir. Et alors le vieux courtisan, qui ne s'étonnait de rien, s'arrêta indécis ; il allait même se retirer quand tout à coup la comtesse, sortant de sa rêverie, leva la tête et regarda son père comme si elle eût été réveillée en sursaut. Elle était d'une pâleur effrayante, son œil était sec, sa bouche était fermée, ses deux mains se contractaient horriblement. Un autre homme moins heureux que M. le maréchal de Richelieu, à voir ce visage tendu et ce beau front tout couvert de nuages, et cette pâleur horrible, eût compris que c'était là une femme blessée au cœur ; mais à ces maladies morales que pouvait comprendre M. le maréchal de Richelieu?

Au reste, la comtesse fut bientôt remise de son effroi ; son front se détendit, la couleur revint à sa joue, le mouvement à son sein, le sourire à ses lèvres ; elle présenta ses deux mains à son père, et son père se figura qu'elle venait de se réveiller.

Quand M. le maréchal de Richelieu eut bien regardé sa fille, quand il l'eut regardée avec autant d'amour qu'il en pouvait trouver dans son cœur, lui, le courtisan et le favori des deux rois de France les plus difficiles à flatter ; quand il fut tout à fait revenu de sa première surprise, et qu'il eut retrouvé sa fille tout entière, prévenante, docile, soumise, pleine de déférence et de respect :

« Vous êtes bien surprise, lui dit-il, du sujet de ma visite ; et je vous jure, mon enfant, que si c'était toute autre que vous, si vous n'aviez pas du bon sang de Lorraine et de Richelieu dans les veines, j'aurais hésité à vous faire la demande que je vais vous faire. »

Ainsi parlait le maréchal ; en même temps sa fille le regardait d'un air étonné, mais aussi sans inquiétude, comme une femme revenue de toute surprise, que rien ne peut plus intéresser en ce monde, et qui est prête à tout, à l'extraordinaire comme à autre chose.

Le maréchal, ayant attendu en vain une réponse de sa fille, reprit la conversation en ces termes :

« Je vous ai souvent parlé, mon enfant, d'un vieux gentilhomme que j'ai connu autrefois à l'armée, qui a nom le vidame de Poitiers. Vous savez que ce vidame de Poitiers a été mon ami, et que moi j'ai été son obligé ; qu'il nous a sauvé la vie (excusez du peu), et que depuis ce temps je ne l'ai pas revu. Ce qu'on dit et ce qu'on ne dit pas sur ce vidame est étrange. Il y a tantôt vingt ans (vous n'étiez pas née, ma chère fille !) que mon vieux camarade s'est retiré dans une maison à lui au Marais, une vieille et mystérieuse maison, sur ma parole. On n'y entend point de bruit dans le jour, on n'y voit point de lumière dans la nuit. Quand on frappe à la porte, la porte ne s'ouvre pas. Les fenêtres sont fermées, les murs sont muets; la fumée même est discrète et elle se cache; on ne peut rien savoir de plus. Ni le roi, ni le lieutenant de police, ni moi-même, personne ne sait ce qui se passe dans cette maison. On en a fait mille contes, mais ce sont des contes. Enfin, après vingt ans de cette vie et de ce silence, voici mon vieil ami le vidame de Poitiers qui se réveille et qui m'écrit. Ce qu'il me demande, devinez-le, mon enfant, s'il vous plaît.

— Moi, mon père ? dit la comtesse légèrement émue.

— Vous-même, ma fille! Voici, reprit le maréchal, voici la lettre du vidame de Poitiers :

« Je vais mourir, mais avant ma mort il faut
« que je parle à Mlle de Richelieu, à Mme la com-
« tesse d'Egmont, veux-je dire. Mettez à ses pieds
« les derniers vœux, et, s'il le faut, les dernières
« volontés d'un vieillard. Adieu ! »

La comtesse d'Egmont resta confondue, non que l'idée d'aller voir ce vieux homme lui fît peur; mais je ne sais quel secret pressentiment la vint saisir. D'abord elle voulut traiter en plaisantant la fantaisie de cet homme qui la faisait demander; mais quel fut l'étonnement de la comtesse quand elle vit son père, son père lui-même, qui riait de tout, ne pas sortir un instant de sa gravité, et lui déclarer positivement qu'elle irait au rendez-vous du vidame de Poitiers!

« C'est un homme de noble et illustre race, disait le maréchal; c'est un ancien ami de votre mère, c'est un compagnon d'armes qui m'a sauvé la vie, c'est un des nôtres, c'est un vieillard qui se meurt tout seul; il ne sera pas dit qu'il aura en vain imploré ma pitié et ma charité. Certes, cela me touche de voir cet homme vous choisir, vous, ma fille, sur votre renom, pour recevoir sa confession dernière. Ainsi donc, soyez digne de vous et de moi; partez, le vidame de Poitiers vous attend.

— Partir! s'écria la comtesse, partir ce soir, tout à l'heure! Y pensez-vous, mon père?

— Oui, ma fille, partir sur-le-champ, tout à l'heure; il le faut, je le veux, je l'ordonne, ou plutôt c'est la mort qui commande; soyez-y!

— Au moins, reprit la comtesse, qui d'instant en instant devenait plus craintive, au moins, Monsieur, prendrai-je la permission et le congé de M. le comte d'Egmont.

— Je ne m'y oppose pas, » reprit le maréchal.

En même temps il se retira en faisant à sa fille un profond salut.

II

Mme d'Egmont, restée seule, se trouva dans une grande épouvante. La seule idée de pénétrer ce soir même dans cette vieille maison du vieux vidame de Poitiers lui paraissait une idée horrible. Tout ce qu'elle avait entendu de cet homme et du mystère qui l'enveloppait lui revenait alors en mémoire. Les uns disaient qu'il s'était là enfermé pour un crime, les autres par désespoir; quelques-uns, les plus forts d'esprit, soutenaient que ce n'était pas le vidame qui habitait dans le silence de ces murs, mais bien son âme et l'âme de ses serviteurs qui attendaient la résurrection éternelle. D'ailleurs, que lui voulait-il? et qu'y avait-il de commun entre elle et lui? et que pouvait-elle pour lui et lui pour elle? « Mon Dieu! mon Dieu! » disait-elle en se tordant les mains; et cette jeune femme si fière et si noble, et qui n'avait jamais eu peur; cette âme moitié Guise et moitié Richelieu, moitié Ligue et moitié Fronde; cette jeune femme qui avait su si bien se taire et si bien cacher le mal qui lui rongeait le cœur que personne ne l'avait soupçonné, eh bien! à présent elle éclate, elle tremble, elle ne veut pas obéir à son père; en un mot, elle se l'avoue à elle-même, et si quelqu'un était là, elle le dirait tout haut, en un mot, elle a peur.

Elle eut si peur qu'elle se résolut sur-le-champ à aller trouver son vieux mari, le comte Casimir-Auguste d'Egmont Pignatelli.

Le comte d'Egmont n'était guère né pour être le mari de sa femme. C'était, il est vrai, un gentilhomme de pure race, un homme d'origine princière, mais voilà tout. Or, dans ce XVIIIe siècle si mouvant et si remué, la noblesse toute seule commençait à ne plus suffire; déjà de toutes parts ce n'étaient que gentilshommes révoltés contre leurs blasons, et qui volontiers grattaient leurs parchemins pour y transcrire des livres de philosophie (et ils les ont si bien grattés qu'il a été depuis impossible de retrouver un seul mot sur ces parchemins défigurés); de toutes parts c'étaient des nobles qui se faisaient peuple dans ce peuple, par orgueil et par bon ton, comme si on eût dû les reconnaître à coup sûr, même dans la foule; de toutes parts bouillonnait et fermentait cet esprit de sarcasme et d'ironie qui brisait toute barrière; peu à peu la vanité déplaçait et chassait de ses limites cette vieille aristocratie qui disait à la philosophie de ce temps : *A vous le premier pas, Madame !* (Héroïsme qui coûta cher à la noblesse.) M. d'Egmont était du petit nombre des hommes prudents qui ne cédèrent pas un pouce de terrain à la révolution triomphante, et qui ne l'empêchèrent point de passer outre; mais cette prudence même n'eût rien été aux yeux de sa jeune et spirituelle compagne, si M. d'Egmont n'eût pas été le plus obstiné, le plus cérémonieux, le plus ennuyeux gentilhomme de son temps.

Aussi, quand M. d'Egmont vit la comtesse entrer d'un pas résolu dans sa bibliothèque, il resta muet et interdit : c'était la première fois que sa femme l'honorait de cette faveur. M. d'Egmont était alors occupé à feuilleter ses recueils de brefs et ses collections de bulles; il était plongé tout entier dans ses dissertations sur les décrétales et sur les histoires des conciles; mais, à la vue de la comtesse, il oublia tout à la fois conciles, décrétales, brefs et collections de bulles; il se leva, il vint droit à elle, et, la prenant par la main, il chercha vainement un fauteuil où la faire asseoir.

Mais il n'y avait que des chaises à dossier dans la bibliothèque du comte d'Egmont.

Le comte, qui tenait toujours la main de sa femme, sonna de toutes ses forces, et aussitôt les deux battants de toutes les portes furent ouverts. Au même instant, et comme il s'aperçut qu'il n'avait pas de gants, il passa sa main sous la basque de son justaucorps, et Mme d'Egmont, ainsi appuyée sur son époux, traversa toutes les salles de l'hôtel jusqu'à l'estrade du dais. Là M. d'Egmont établit sa femme sur le fauteuil, et lui-même il s'assit sur un pliant à la seconde marche de l'estrade, à la place de son chancelier de Clèves ou de son majordome de Saragosse la royale.

Alors seulement la comtesse put parler à son mari. Elle lui dit tout d'abord l'ordre étrange qu'elle avait reçu de M. de Richelieu d'aller ce soir même chez le vidame de Poitiers, qui se mourait; qu'elle ne voulait pas y aller, ou du moins ne pas y aller ce soir même, ou du moins pas y aller toute seule. Et elle dit tout ce qu'elle put dire, la pauvre femme affligée, et elle parla longtemps avec cette charmante voix, avec cette expression suppliante, avec ce regard mouillé de larmes, avec toute cette irrésistible terreur qu'elle avait dans l'âme; mais ce fut en vain. Le comte d'Egmont l'écouta avec autant de sang-froid que s'il eût lu une décrétale ou expliqué un concile; il lui dit qu'à la vérité il ne comprenait pas bien pourquoi M. de Richelieu, son beau-père, voulait que la comtesse d'Egmont se rendît du même pas chez le vidame de Poitiers ; mais que, puisque tel était l'ordre du maréchal, il fallait obéir ; que pour lui il n'y pouvait rien, et qu'il était bien affligé de voir Mme d'Egmont si désolée. Il finit par se lever de son siége, par remettre sa main non gantée sous son justaucorps ; il reconduisit ainsi sa femme dans ses appartements, et, après avoir remis en ordre ses décrétales et ses conciles, il partit pour l'Isle-Adam, où il était attendu chez M. le prince de Conti.

La comtesse d'Egmont, restée seule, se dit à elle-même qu'elle n'avait plus qu'à obéir à son père et à son mari.

III

Quand le gentilhomme servant Mme la comtesse d'Egmont eut dit au cocher de la comtesse : *Au Marais, chez le Vidame de Poitiers*, le cocher, au lieu de partir comme un trait, selon l'usage, demeura tout ébahi et tout étonné sur le siége de son carrosse. *Le Vidame de Poitiers !* c'était la première fois qu'il entendait parler d'un pareil être. Telles étaient d'ailleurs les habitudes de cette maison et l'ordre des visites de la comtesse, qu'il n'était pas un homme de sa livrée qui ne sût à point nommé chez qui elle allait, selon le jour et l'heure de sa sortie. Néanmoins, après un instant d'hésitation, le cocher se décida à fouetter ses chevaux et à s'aventurer dans le Marais.

Cependant le ciel, qui depuis le matin était gros de nuages, se brisa tout d'un coup; tout d'un coup la pluie tombe à flots, et voilà que les murs ruissellent, voilà que les ruisseaux se changent en torrents, voilà que le ciel est en feu, voilà que toute la ville est déserte; car il en est des Parisiens comme de ces insectes qui, dans les belles soirées d'été, s'amoncellent et montent joyeusement dans un transparent rayon du soleil : au premier nuage qui tombe, plus d'insectes, plus de Parisiens ! Le cocher de Mme d'Egmont eut bientôt franchi la distance qui sépare l'hôtel de Richelieu du Marais.

Mais, arrivée dans le Marais, la livrée de la comtesse ne sut plus que devenir. Où se tenait l'hôtel du vidame? Et quand on aurait su où il se tenait, comment se reconnaître dans cette obscure nuit et par cet orage? Le carrosse, incertain, allait çà et là; les chevaux se cabraient, épouvantés par les éclairs; personne ne se montrait. A la fin, la voiture s'arrêta vis-à-vis un certain cabaret tout noir dont l'enseigne flottait au gré du vent avec un son mélancolique et criard. Le valet de pied frappa à la porte du cabaret.

Aussitôt cette porte s'ouvrit, et, du fond de son carrosse, Mme d'Egmont put apercevoir l'intérieur de ce misérable réduit. Tout ce que la misère a de hideux était entassé dans cet étroit espace : des tables tachées de vin, des escabeaux chancelants, un feu à demi éteint, des pots cassés et des verres rougis, un haillon gras taché de lie de vin! Certes, c'était un curieux contraste, celui-là : la brillante voiture de la comtesse d'Egmont, ses quatre chevaux fringants, son valet de pied et ses heiduques, l'éclat des flambeaux que portaient deux cavaliers à sa livrée et à ses couleurs, et cette cabane enfumée et misérable. Ici la soie, le velours, et l'or et les armoiries; là quelques guenilles et le mur enfumé pour toute tapisserie; dans le carrosse, la plus belle, la plus jeune et la plus élégante femme de la cour de France; dans ce cabaret, une vieille femme hideuse, en guenilles, décrépite et sourde, qui attendait les chalands, éclairée par une lampe infecte. La vieille, voyant la porte de son cabaret s'ouvrir brusquement, était accourue ou plutôt s'était traînée sur le seuil de sa porte d'un air mécontent et de mauvaise humeur.

Le laquais de Mme d'Egmont, qui était fier

comme un gentilhomme, car la livrée de la comtesse ne faisait pas déroger, parla vivement à la vieille femme :

« Dis-moi, la femme, où se trouve l'hôtel du vidame de Poitiers? »

Mais la vieille femme le regardait sans répondre.

« Je te demande, reprit l'autre en élevant la voix et le geste, la demeure du vidame de Poitiers! »

Mais la vieille ne répondait pas; seulement ses regards s'étaient portés sur la belle dame qui se tenait dans le fond de ce riche carrosse, et elle semblait ne pouvoir en détacher ses yeux.

Certainement les gens de Mme d'Egmont auraient perdu patience au sang-froid de la vieille femme sans l'intervention de leur maîtresse. Mme d'Egmont, qui plus elle allait, moins elle avait hâte d'arriver, mit la tête hors de la portière, comme pour parler à la vieille. Mais à l'instant même le tonnerre gronda de plus belle, la lune se voila de nouveau; le vent, qui s'était un peu calmé, se mit à rugir, et l'enseigne du cabaret tourna plus vite que jamais sur ses gonds plaintifs et criards.

La jeune comtesse, sans s'émouvoir, laissa passer l'orage, et, quand son voile eut repris sa place accoutumée, quand ses beaux cheveux furent rendus à leur souplesse naturelle, elle adressa la parole à la vieille femme, et elle lui parla d'une voix si douce, d'un ton si touchant, avec un regard si plein de bienveillance, que la vieille entendit la question sur-le-champ, toute courte qu'elle était.

« Vous demandez le vidame de Poitiers? dit la vieille.

— Le vidame de Poitiers, » reprit la comtesse. Et au même instant elle fut frappée du changement qui s'était opéré dans les traits de la vieille femme.

En effet, je ne sais quelle profonde terreur s'était répandue tout à coup sur ce visage naguère impassible. Toujours est-il qu'au seul nom du vidame de Poitiers ses yeux éteints s'étaient ranimés, et sa taille voûtée s'était relevée; ses vieilles mains s'étaient contractées, comme aussi cette vieille bouche sans dents et sans sourire. En même temps, la vieille répétait tout bas : *Le vidame de Poitiers!* Et, ainsi debout, à la lueur des torches, ses vêtements agités par l'orage, on l'eût prise de loin pour quelque immense point d'interrogation. Et elle répétait toujours la question : *Le vidame de Poitiers!*

En même temps elle s'approcha encore plus près de la voiture, et, se mettant à la portière, à la place des pages, elle dit tout bas à la comtesse :

« Me parlez-vous bien, en effet, du vidame de Poitiers? Vous vous adressez bien, ma noble dame : c'est notre voisin. Il y a longtemps, bien longtemps qu'il est mort. Attendez : dix-huit ans de cela, vienne la nuit de Noël. Dix-huit ans! c'est à peine si vous étiez née. Depuis ce temps, sa maison est fermée, sa maison est muette; on n'y entend rien, on n'y voit rien. Quelquefois, à minuit, on y chante l'office des morts, mais tout bas, tout bas, et c'est à peine si j'entends chanter, moi qui suis sourde, tout bas, tout bas. Oh! le vieux renégat! On dit qu'il était tout couvert de sang! Et figurez-vous qu'il n'a pas fait une seule aumône, et qu'il est mort sans prêtre, et qu'il n'a pas été enterré en terre sainte!... Vous voulez aller chez le vidame? Au fait, on dit qu'il a donné sa maison au premier qui osera la prendre; et, depuis dix-huit ans, je vous dis que personne n'y est entré, ni pauvre, ni riche, ni la justice, ni les héritiers, ni les mendiants, ni les vagabonds, ni les voleurs, ni personne, excepté le hibou. N'allez donc pas chez le vidame ce soir, n'y allez pas cette nuit, n'y allez pas! Qu'allez-vous faire chez le vidame? quel malheur allez-vous chercher? Qui vous a faite si hardie, vous si belle et si jeune, que d'aller dans un lieu où je ne voudrais pas aller, moi si misérable et si vieille? Qui vous l'a dit? qui vous l'a ordonné? Répondez-moi! »

La comtesse, qui tremblait, répondit à la vieille femme :

« C'est l'ordre de mon père et l'ordre de mon mari, et je dois aller chez le vidame de Poitiers ce soir. »

La vieille se tut, elle parut réfléchir; puis, sans quitter son poste, elle dit au cocher :

« Tu vas aller tout droit ton chemin; tu détourneras à gauche, puis à gauche, puis encore à gauche, toujours à gauche; je t'arrêterai quand il sera temps. »

Et voilà la voiture partie de nouveau. Et ce devait être une chose bizarre, cette vieille femme en guise de page galonné, ces cheveux blancs flottants, tout droits et tout roides, ces hideuses guenilles qui faisaient tache sur les panneaux de la voiture chargés de la croix des Guise, du casque des Richelieu et du glaive des d'Egmont.

Enfin la voiture s'arrêta vis-à-vis une immense porte cochère. Aussitôt la porte s'ouvrit à deux battants, et les chevaux entrèrent dans la cour.

La vieille femme, qui n'avait pas quitté son poste, ouvrit la portière, déploya le marchepied, et tendit son bras décharné et au bout du bras sa main livide à la jeune comtesse, qui descendit pâle et tremblante sur le perron de l'hôtel. Le perron était recouvert d'un tapis chargé de fleurs.

Alors commença pour la comtesse le spectacle que je vais vous raconter.

IV

L'hôtel de Lusignan (ainsi s'appelait la maison du vidame) était aussi éclatant au dedans qu'il était sombre et triste au dehors. Jamais l'ancienne fée protectrice de cette noble famille, éteinte aujourd'hui, n'avait habité palais plus brillant, n'avait donné de fête plus magnifique. A peine la jeune comtesse eut-elle mis le pied sur le perron du palais qu'aussitôt une douce musique se fit entendre; un gentilhomme se présenta qui offrit sa main à la comtesse. La reine de France n'eût pas été reçue avec plus d'hommages et de respects. Le vestibule était garni de fleurs; des tapis de soie et d'or couvraient les escaliers, qui étaient entourés de statues; des lustres immenses chargés de bougies étaient suspendus au plafond; les antichambres étaient remplies de laquais en livrées magnifiques, debout et rangés sur deux files, qui s'inclinaient. La comtesse traversa ainsi plusieurs salons dignes du palais de Versailles, l'un rempli de tableaux, l'autre rempli de meubles gothiques; un troisième était tout à fait un salon chinois. Et tout cela avait un éclat, une pompe, un air de fête et de mystère, qui rappelaient beaucoup ces maisons isolées et habitées par les génies infatigables et invisibles qui reviennent si souvent dans les *Mille et une Nuits.*

Mais ce qui rendait cette comparaison plus frappante, ce que je ne me donnerai pas la peine de vous expliquer, parce que je n'en sais rien moi-même, c'est qu'une fois arrivé au dernier salon, le gentilhomme qui donnait la main à la comtesse l'introduisit dans une galerie longue et vaste qui était comme un jardin d'hiver au milieu de cet hôtel. Le gentilhomme salua profondément la comtesse et la laissa seule. Mme d'Egmont, dont la curiosité était éveillée non moins que la crainte, voulut voir la fin de cette aventure. Elle s'avança toute seule et à tout hasard dans cette forêt de myrtes verts, de rosiers chargés de boutons et d'orangers en fleurs. Un gazon frais et fin s'étendait sous ses pieds; une douce lumière éclairait ces beaux arbres; on eût dit la fin, et le calme, et les douces senteurs d'un beau jour d'été. La comtesse arriva ainsi devant une espèce de cabane toute champêtre. C'était tout à fait une cabane de paysan : des murs rustiques, des arbres enlevés et chargés de leur écorce soutenaient le toit de chaume. La comtesse entra dans cette cabane; le dedans de la cabane répondait tout à fait au dehors : les murs étaient badigeonnés à la chaux vive; sur les murs on avait cloué trois ou quatre gravures coloriées; sur une table grossière, qui était au milieu de cette cabane, on voyait plusieurs pots en terre et des assiettes aussi en terre, posées sur une serviette bise, mais tout cela d'une propreté éclatante. Il y avait aussi dans cette chambre, ou plutôt dans cette étable, quatre ou cinq belles vaches de Flandre qui mangeaient au râtelier. L'une d'elles se mit à lécher les mains de la comtesse et à la regarder tendrement lorsqu'elle entra. La comtesse croyait rêver.

Et enfin, tout au bout de la table, que vit-elle ? Elle vit un lit de berger qui était sans rideaux, avec une couverture en laine verte et des draps de toile écrue, et dans ce lit un vieil homme en bonnet de nuit qui dormait profondément. C'était le vidame de Poitiers.

Vous pouvez juger de l'embarras de cette jeune femme : tant d'émotions soudaines l'avaient assaillie ce jour-là! son père, son mari, cette vieille femme, ce palais si sombre, puis dans ce palais ce luxe et cet éclat qui l'étonnaient elle-même, elle qui avait été élevée dans le palais, dans les meubles, dans le luxe du cardinal de Richelieu; puis ce jardin provençal en hiver, puis enfin cette chaumière, cette étable, ces vaches et la crèche; et dans ce lit de pâtre cet homme qui dort, cet homme qui l'a envoyé chercher, elle, la fille du maréchal de Richelieu, elle, la comtesse d'Egmont, elle, une des plus grandes dames de l'Europe! Elle ne fut donc pas fâchée, en attendant le réveil du dernier des Lusignan, d'avoir un moment pour se remettre. Elle s'assit donc sur une chaise de paille, et, le coude appuyé sur la table, elle attendit paisiblement.

Au bout d'un quart d'heure, le vidame de Poitiers se réveilla.

V

Le premier regard du vidame de Poitiers, quand il se réveilla, se porta sur Mme d'Egmont. Il la vit si belle, et d'une beauté si touchante, et d'une pâleur si pleine d'expression, et si prête à tout, bien qu'elle ne pût rien prévoir; il la vit si jeune et en même temps si mortelle, qu'il la reconnut tout de suite, lui qui ne l'avait jamais vue. Elle, de son côté, fut merveilleusement étonnée à l'aspect de ce vieillard, qui semblait renaître et qui sortait pour ainsi dire de la mort afin de la saluer une première et dernière fois de l'âme et du regard. La tête de cet homme était belle : tout couché qu'il était dans son drap de toile écrue, tout enveloppé qu'il était dans son morceau de serge verte, au milieu de cette cabane et entre ces deux génisses qui lui servaient de gardes-malade, il était facile encore de voir qu'il y avait sur cette paille et dans ce lit quelques nobles restes de la famille des Lusignan.

Si bien qu'au premier coup d'œil la jeune comtesse se sentit rassurée, et qu'en elle-même elle fut bien aise d'avoir eu du cœur.

Cependant le vieillard, rappelant toutes ses forces, se plaça sur son séant.

« Madame la comtesse, lui dit-il d'une voix éteinte, mais claire et calme, je commence par vous demander pardon de vous avoir fait venir, et d'avoir employé pour cela l'autorité que j'avais sur M. le maréchal; mais, vous le voyez, je suis mourant : je n'attendais plus que vous pour mourir, et je ne pouvais pas mourir sans vous avoir parlé, je le jure par ce que nous avons de plus cher tous les deux ! »

A ces mots, la comtesse, qui s'était quelque peu

rassurée, redevint pâle et tremblante. Elle comprit tout d'un coup qu'il y avait un lien invisible entre elle et cet homme; elle baissa les yeux et elle porta la main sur son cœur comme pour l'empêcher de se briser. Cependant le vidame continuait son discours.

« N'est-ce pas, dit-il, n'est-ce pas, Madame, qu'il était jeune et beau, et qu'il vous aimait de toute son âme, et que vous l'aimiez, vous aussi, dans le fond du cœur? »

Ici il s'arrêta, soit pour reprendre haleine, soit pour entendre la réponse de la comtesse; mais la comtesse ne répondait pas. Alors il reprit en ces termes :

« Madame, madame, je n'ai pas de temps à perdre; je sens que je me meurs... Il faut que j'en finisse avec vous, Madame. Ainsi donc, pardonnez-moi et prenez courage; prenez courage, par pitié pour vous et par pitié pour moi! »

Alors elle releva la tête, elle écarta ses cheveux, et elle fixa sur le vidame ses deux yeux suppliants.

« Mon Dieu! mon Dieu! dit-elle, qu'y a-t-il et que lui est-il arrivé, de grâce, Monseigneur? »

La pauvre femme était si émue, qu'elle ne s'aperçut pas qu'elle venait de laisser échapper son secret.

Le vidame lui rendit regard pour regard, pitié pour pitié ; puis, baissant la voix, il lui dit tout bas, et si bas qu'elle seule pouvait l'entendre :

« Il est mort ! »

A ce mot, la comtesse d'Egmont se leva en poussant un grand cri :

« Qui dites-vous, dit-elle, qui est mort ? Est-ce lui qui est mort ? »

En même temps elle étendait sa main vers le vieillard. Le vieillard lui prit la main.

« Oui, lui dit-il, il est mort ; c'est bien lui qui est mort. Il n'y a plus de comte de Gisors, Madame, pour vous aimer ici-bas ; il est mort. Et comment, je vous prie, pouvait-il en être autrement ? Il vous avait vue, il vous avait aimée, il avait rêvé le bonheur près de vous, et votre père en riant vous avait donnée à un autre, et à quel autre ? Pauvre et noble jeune homme ! Ainsi dépouillé de son bonheur, ainsi privé de tout avenir, ainsi isolé dans le monde, ainsi loin de vous, il est allé se faire tuer à une escarmouche. Une seule balle a porté : cette balle a été pour lui ; et moi, qui l'aimais tant, je suis resté pour vous dire, à vous, Madame, ce que vous eussiez deviné toute seule : le jeune comte de Gisors s'est fait tuer pour la fille du maréchal de Richelieu. »

Quand le vieillard eut tout dit, la comtesse se

laissa retomber sur son siége, et elle allait succomber sous la douleur; mais heureusement ses larmes, longtemps comprimées, se firent jour. Elle pleura, elle s'abandonna tant qu'elle voulut à cette douleur qu'elle avait tenue si secrète. Cette douleur éclatait enfin! Le vieillard, qui semblait être rentré dans son repos, laissa pleurer la comtesse tant qu'elle voulut pleurer.

A la fin il reprit la parole, et ce fut d'une voix si solennelle qu'il rendit la comtesse attentive.

« Oui, reprit-il, c'était un noble jeune homme; c'était le plus noble cœur et le plus grand courage, et qui vous aimait bien, Madame! La veille du jour où il est mort, voici la lettre qu'il m'écrivit. « Aimez-la! et parlez-lui de moi, qui l'aimais!
« et dites-lui que je l'aimais à en mourir! Et
« plaise au Ciel que tu sois heureuse, Septimanie!
« Remettez-lui tout ce que j'avais d'elle, ce ruban
« qu'elle perdit dans un bal, à Versailles; cette
« fleur qu'elle a portée, ce mouchoir brodé aux
« armes de sa maison. Voilà tout ce que j'avais à
« elle. Et aussi priez-la, pour l'amour de moi,
« de veiller sur mon jeune frère; car celui-là
« avait besoin de moi sur cette terre, car celui-là
« me pleurera de tout son cœur, car celui-là est un
« innocent et honnête jeune homme sans fortune,
« sans famille, sans parents, qui n'a que son

« épée, et qui n'a pas même un nom ! Mais elle
« en aura soin : elle est si bonne ! elle remplacera
« pour le frère cadet le frère aîné qui est mort.
« Aussi dites-lui bien que je lui donne ma foi.
« Et maintenant voici l'ennemi : je vais mourir.
« Adieu, mon vieil ami, adieu, adieu, adieu ! »

En même temps la lettre de l'infortuné comte de Gisors échappait aux mains tremblantes du vieillard.

La comtesse d'Egmont ne pleurait plus, elle écoutait.

Le vidame, la voyant ainsi attentive, recueillit toutes ses forces, qui lui échappaient pour ne plus revenir.

« Écoutez, dit-il. Le comte de Gisors, le malheureux jeune homme qui est mort pour vous, il avait un frère, un frère qui n'était pas le fils de son père, un frère qui était mon fils, un frère perdu, égaré, sans nom, sans famille, mon enfant pourtant. Ce jeune homme s'appelle M. de Guys; à l'heure qu'il est, il est simple soldat aux gardes-françaises. Le comte de Gisors était son appui et lui servait de père. M. de Guys est seul au monde : Gisors est mort, et moi je vais mourir. A présent, voulez-vous accepter le legs du comte? voulez-vous prendre son frère à miséricorde et merci? voulez-vous, noble jeune femme de vingt ans, servir de mère à un jeune soldat qui en a vingt-cinq? voulez-vous être l'ange tutélaire de cet enfant sans famille? Oh! dites que vous le voulez! Au nom de M. de Gisors, qui est mort pour vous dans ce combat, dites-le, et aussi au nom du vieillard qui vous implore, au nom du vieux Lusignan qui vous supplie, ô noble dame, de l'aider à réparer sa faute! Dites que vous y consentez, dites-le, et je vais mourir tranquille; dites-le, et je vais en porter la nouvelle au comte de Gisors! Par pitié, par charité et par amour, dites, Madame, dites que vous le voulez bien! »

La jeune comtesse répondit :

« J'accepte le legs du comte de Gisors. »

Le vieillard reprit :

« Et vous acceptez aussi le legs du vieux Lusignan? »

Elle répondit :

« Et aussi le legs du vieux Lusignan. »

Alors le vidame prit sous son chevet une petite cassette damasquinée en or, d'un riche et précieux travail.

« Ceci, dit-il, renferme toute la fortune que je puis laisser à M. de Guys, à mon fils, au frère du comte de Gisors : voulez-vous l'emporter, Madame? »

Elle prit la cassette sans mot dire.

« Et, quand je ne serai plus, vous me promettez de la remettre à M. de Guys, de la lui remettre à lui-même et vous-même, sans lui dire d'où elle vient ; vous me promettez que ce jeune homme vous verra, Madame, car il faut qu'il vous voie : un de vos regards doit en faire un homme ; vous promettez qu'il vous verra, ne fût-ce qu'une seule fois, qu'un seul instant, Madame? Car, s'il ne devait pas vous voir, prenez cette cassette et jetez-la au premier mendiant qui passera sur votre chemin... Mais vous me promettez de la remettre vous-même à lui-même, n'est-ce pas, Madame? »

Alors il lui prit la main droite, il porta cette main sur sa tête, puis sur son cœur, puis avec cette main si blanche il fit le signe de la croix, puis il y porta ses lèvres mourantes... La comtesse retira sa main. Le dernier des Lusignan était mort.

Quand la comtesse revint à elle-même elle se trouva au fond de son carrosse. La précieuse cassette était à son côté, et la vieille qui l'avait conduite à l'hôtel de Lusignan lui demandait d'une voix suppliante de la reconduire à sa pauvre maison.

En effet la comtesse reconduisit la vieille femme à son cabaret, et en descendant de voiture la vieille femme disait, joignant les deux mains :

« Saints et saintes du paradis, priez pour elle ! »

VI

La comtesse d'Egmont passa une nuit fort agitée. Comment donc remettre à M. de Guys cette cassette, et que dire à ce jeune homme, et comment lui parler? Après y avoir un moment réfléchi, elle résolut de confier au curé de Saint-Jean-en-Grève, qui était son confesseur, tout ce qu'elle pouvait lui confier de cette histoire, afin qu'il fût témoin de son entrevue avec le soldat aux gardes-françaises, ou que du moins il lui donnât un bon conseil.

Toute la nuit se passa ainsi dans mille projets, dans mille terreurs; elle voyait tantôt le jeune comte de Gisors tout souillé de poussière et de sang, qui tournait vers elle son dernier regard; tantôt le vieux vidame de Poitiers, qui l'adjurait par une épreuve solennelle; tantôt l'uniforme du jeune garde-française se détachait entre les deux linceuls de M. de Gisors et du vidame de Poitiers. Ce fut une nuit d'effroi, de remords, de frisson, de transes incroyables, un véritable cauchemar. Une fois il lui sembla qu'une main froide et glacée venait la saisir. Au contact de cette main elle se réveilla en sursaut. Cette fois elle ne rêvait pas.

Trois femmes tout en noir, longue robe noire à la queue traînante, long voile noir et large mante noire, si bien que c'était à peine si l'on pouvait voir leur visage, étaient debout au chevet du lit de la comtesse. Tant d'événements s'étaient passés pour elle depuis vingt-quatre heures que Mme d'Egmont avait tout à fait oublié que le lendemain elle devait assister en grand costume aux obsèques de la reine de Portugal, morte empoisonnée, disait-on, comme cela se disait pour toutes les morts royales. Or ces trois dames venaient chercher Mme d'Egmont pour la mener à Notre-Dame. Ces trois dames, c'étaient Mme de Mazarin, Mme la comtesse de Tessé et Mme la duchesse de Brissac. Vous jugez si la comtesse, les voyant ainsi toutes les trois vieilles et grandes, austères et toutes couvertes de noir, qui la tiraient ainsi brusquement de son sommeil, se prit à avoir peur et à trembler.

Cependant les femmes de Mme d'Egmont entrèrent dans la ruelle; la comtesse fut tirée du lit, elle fut habillée de deuil, et elle partit pour Notre-Dame entre Mme de Mazarin, Mme de Tessé et Mme la duchesse de Brissac.

Ce jour-là toute l'église de Notre-Dame était tendue de noir. Mesdames, filles du roi de France, assistaient en personne aux obsèques de la reine de Portugal, la reine Très-Fidèle. Voilà pourquoi les dames les plus qualifiées de la Cour avaient été invitées et assistaient en effet à cette lugubre cérémonie. Le deuil était mené par Madame Louise de France. Mme d'Egmont, en sa qualité de grande d'Espagne, servait de dame d'honneur à la princesse, et portait la queue de sa mante ou plutôt la tête du voile qui la couvrait de la tête aux pieds et qui traîna de quatorze aunes lorsqu'en entrant dans le sanctuaire Mme d'Egmont en laissa tomber la pointe. Quant au voile de Mme d'Egmont, il n'avait que trente-six pieds de roi, ni plus ni moins, selon l'usage et le compas de l'étiquette du Louvre. Une femme, également voilée, portait la pointe du voile de Mme d'Egmont.

Chose étrange ! cette troisième femme voilée, elle avait été un instant la maîtresse souveraine de cette cour de France où elle ne paraissait plus qu'aux jours de deuil, et cela par grande bonté du roi et à la faveur du crêpe qui la couvrait. Cette femme toute noire et toute courbée, elle avait donné au XVIIIe siècle le signal du plaisir et des folles amours ; elle avait dansé la première sur les ruines saintes du XVIIe siècle, elle avait remplacé Mme de Maintenon, elle avait osé, la première en

France, être folle et reine, mener à la fois la vie d'une grande dame et la vie d'une courtisane; cette femme avait été l'amour le plus chaste et la passion la plus innocente de M. le régent d'Orléans; cette femme, c'était Mme de Parabère, oui, elle-même, si flattée, si enviée, si aimée, qui était trop heureuse de porter le voile de Mme d'Egmont !

Ainsi Mme d'Egmont se trouvait tout à fait à sa place entre Madame Louise de France et Mme de Parabère. L'une qui a passé sa vie dans les vertus chrétiennes et qui l'a achevée sous la bure de la sœur grise; l'autre qui consacra sa vie aux folles amours; l'une en retard, par sa croyance, de plus de cinquante ans au moins; l'autre en avance de vingt ans sur Mme de Pompadour. Le XVIIIe siècle, en effet, ce n'est ni la vertu de la sœur grise ni l'abandon de la courtisane; le XVIIIe siècle, dans son acception la plus naïve et la plus aimable, c'est Mme d'Egmont, cette jeune femme qui aime, qui est aimée, qui se sacrifie à sa naissance, qui pleure un amant en silence, et qui marche d'un pas égal entre la vertu et le vice, dame d'honneur de celle-ci et faisant porter son voile par celle-là.

Cependant l'office des morts commença. Comme il ne s'agissait guère que d'une reine qui était morte, et comme c'était là une de ces douleurs officielles qui n'ont jamais fait couler tant de larmes que lorsque Bossuet était dans la chaire, se livrant tout entier à ces paradoxes de génie qui épouvantaient la cour et la ville, les funérailles de la reine de Portugal ressemblaient à toutes les funérailles de la Cour. Le grand intérêt de toutes ces femmes en grand deuil, c'était de voir, après l'absoute, Mme d'Egmont passer devant le catafalque et alors faire une de ces révérences si pleines de grâces, qu'on admirait si fort dans la chapelle de Versailles. Et, en effet, parmi les femmes qui avaient conservé le secret de cette charmante révérence *à la Fontange*, qui s'est perdue depuis avec tant d'autres supériorités non moins regrettables, la cour de Louis XV distingua surtout Mme d'Egmont.

Toute la cour était donc dans l'impatience de voir Mme d'Egmont saluer le catafalque, déjà même la jeune femme s'avançait sous le dais mortuaire. C'était bien sa démarche élégante, sa charmante taille, toute sa belle et admirable personne ; sous les voiles noirs qui la recouvraient, chacun l'aurait reconnue... Tout à coup, et au moment où elle allait à son tour saluer le cercueil, au moment où tous les regards étaient fixés sur elle, elle s'arrêta au milieu du chœur. On eût dit qu'une force invisible la tenait à cette place, immobile comme un marbre; ce fut un instant de grande terreur dans cette église qui tout à l'heure était seulement remplie d'un vain cérémonial. A l'instant même toutes choses furent suspendues, même le chant des prêtres; il se fit un silence terrible. On ne voyait pas le visage de la comtesse, mais il y avait tant d'effroi dans toute sa personne qu'on pouvait aisément deviner la pâleur de son visage. Cependant chacun restait immobile à la même place, dans l'attente de ce qui allait venir.

Les plus étonnés dans cette foule de courtisans et de grandes dames, qui se connaissaient depuis des siècles, c'étaient quatre gardes-françaises qui avaient été placés aux quatre coins du poêle funèbre. Ces jeunes gens, revêtus de leur riche uniforme, l'arme au bras, tenaient tout au plus la place de quatre grands cierges d'honneur, et personne n'y avait fait plus d'attention qu'on n'en avait fait aux colonnes mêmes du catafalque. Ces courtisans de Versailles vivaient entre eux et ne voyaient qu'eux seuls au monde : comment auraient-ils fait attention à quatre gardes-françaises placés en sentinelle ? Tout au plus quelques vieilles femmes avaient-elles porté un regard distrait sur un jeune soldat qui était le premier, à droite, immobile; car, en effet, c'était là un beau jeune homme : dix-huit ans à peine, élancé et bien pris dans sa taille, l'œil noir, grand et mélancolique, le visage pâle et pensif; c'était tout à fait le port d'un gentilhomme, tout à fait la taille d'un gentilhomme, et sans doute c'était une méprise du sort qui avait fait de ce jeune homme un simple soldat aux gardes. Mais, encore une fois, c'étaient là des remarques que peu de femmes avaient faites, si quelques-unes les avaient faites; et d'ailleurs, à cet instant solennel, l'hésitation de Mᵐᵉ d'Egmont, ainsi arrêtée au milieu du chœur par une force invisible, attirait toute l'attention, tout l'intérêt ou du moins toute la curiosité de cette assemblée réunie par la même étiquette dans le deuil.

Ce fut cependant ce même beau jeune homme, ce simple soldat, cette statue vivante placée là par hasard comme un des ornements obligés du catafalque, ce fut lui, immobile comme il était, et le regard fixe et grave ainsi que le voulait la consigne, qui s'aperçut le premier que cette femme voilée qui se tenait immobile devant lui était chancelante, qu'elle allait tomber et peut-être se briser la tête contre le pavé de l'église. Aussitôt le jeune homme oublie sa consigne et se précipite vers cette femme qui se meurt. Juste ciel! il était temps : la comtesse d'Egmont venait de tomber inanimée et morte dans ses bras.

VII

Dans un atelier de peinture du faubourg Saint-Germain, au quatrième étage, comme c'est l'habitude de ce faubourg qui n'a pas de premier étage, deux jeunes gens étaient assis : l'un, jeune et vif et rieur, était occupé à mettre la dernière main à l'un de ces charmants portraits qui ont fait la fortune de la peinture du XVIIIe siècle, admirable couleur flamande qui n'a encore rien perdu de sa vivacité et de son coloris. Le jeune artiste s'appelait Greuze. Le beau militaire qui était près de lui paraissait plongé dans une profonde mélancolie qui faisait un grand contraste avec son habit de soldat aux gardes. Greuze travaillait, et de temps à autre il portait son regard de la toile sur son ami.

A la fin, voyant que le jeune soldat s'obstinait à garder le silence :

« Qu'as-tu donc? lui dit-il, et d'où te vient ce front chargé d'ennuis? et quel si grand malheur est tombé sur toi, mon ami, pour que tu sois ainsi triste et abattu, toi que j'ai connu l'enfant de la joie et du plaisir?

— Hélas! reprit M. de Guys, car c'était lui-même, hélas! bien malheureux est celui qui n'a pas d'autres parents que la joie et le plaisir; c'est une infidèle famille. Tu sais bien cependant que je n'en ai pas connu d'autre; et maintenant, voici que ma famille de joie et de plaisir m'abandonne sans que je puisse dire pourquoi; elle m'abandonne, et me voici maintenant plus triste et plus orphelin que jamais. »

Et comme il était en train de confidences, M. de Guys raconta à son ami comment autrefois une protection invisible veillait sur lui, prodiguant l'or à ses plus folles dépenses, venant à son secours dans les occasions les plus difficiles, et comment tout à coup cette protection était partie bien loin sans doute, et comment il se trouvait à présent dans l'état d'un enfant abandonné à la merci publique. Greuze écoutait les confidences de son ami avec le sourire incrédule d'un homme qui n'a jamais eu de protecteur invisible, qui s'est toujours protégé lui-même et qui ne croit pas aux gens qui se cachent pour faire du bien. Ainsi, peu à peu la conversation entre les deux amis fit place au plus profond silence. Greuze revint à son travail, et M. de Guys se plongea plus avant dans ses réflexions.

Tout à coup une vieille femme se présenta dans l'atelier du peintre.

« Je viens, lui dit-elle, prier Votre Seigneurie de me faire mon portrait; j'en serais bien reconnaissante, voyez-vous ? »

A ces mots, Greuze, le peintre des femmes, et des plus jeunes encore, et des plus jolies, Greuze, celui qui a tant aimé les cheveux longs et soyeux, les lèvres rebondissantes et purpurines, les grands yeux bleus bien humides, celui qui les a faites si jolies et si riantes, et si transparentes, les femmes du XVIIIe siècle, Greuze, voyant cette vieille toute ridée et toute blanchie, et toute sèche et toute courbée, qui voulait se faire peindre par lui, ne put retenir un grand éclat de rire.

« Mais regarde donc, dit-il au jeune soldat, regarde donc, mon ami, la vieille sorcière. Veux-tu te faire dire la bonne aventure, mon cher Guys ? L'occasion est belle, et tu n'en trouverais pas une pareille en ta vie. »

En même temps le jeune artiste se livrait de toutes ses forces à sa folle gaieté.

La vieille, sans se déconcerter, dit à Greuze :

« Et vous ferez mon portrait si je lui dis sa bonne aventure ? »

En même temps elle étendait sa main sèche et décharnée sur le beau soldat d'un air demi-solennel.

« Oui, dit Greuze, oui, la vieille, je fais ton

portrait fauve, et tout velu, et tout blême, si tu lui dis, à lui, sa bonne aventure. » En même temps Greuze, charmé de cette idée, s'était levé de son siége, et il avait pris M. de Guys par le bras.

« Viens donc, viens donc, dit-il, viens entrer dans le secret de ta destinée. »

Et il le tirait toujours par le bras.

« Prenez garde, dit la vieille femme à Greuze, prenez garde à ce bras malade! le jeune homme a été blessé l'autre jour.

— Lui, blessé! dit Greuze. Tu t'es battu, et tu ne me l'as pas dit!

— Oh! reprit la vieille femme, il ne s'agit pas d'un misérable coup d'épée qui s'oublie du jour au lendemain et qui se guérit en vingt-quatre heures: c'est une blessure plus profonde, et qui vous est allée au cœur, n'est-ce pas, monsieur de Guys? »

A ces mots, le jeune soldat, tiré subitement de sa léthargie :

« Que veux-tu dire? s'écria-t-il, et comment sais-tu que j'ai été si profondément atteint là au bras, là au cœur? Qui était-elle? Je l'ai portée toute noire et toute cachée sous un voile, et je ne l'ai pas vue! Ah! tu as bien raison de dire que je suis blessé au cœur! »

Alors la vieille femme, l'entraînant dans un coin de l'atelier,

« Il faut, lui dit-elle, que demain, quand la nuit sera tombée, vous vous rendiez au Marais, au coin de la maison du vidame de Poitiers, et là vous attendrez nos ordres. »

M. de Guys resta anéanti.

La vieille, se retournant vers Greuze, qui ne comprenait rien à cette étrange scène :

« Monsieur, lui dit-elle, j'espère qu'à présent vous ne refuserez plus de faire mon portrait! »

Et elle sortit, fière et déguenillée, comme elle était entrée.

Quand elle fut sortie, Greuze regarda son ami au front, et il comprit qu'il ne fallait pas lui demander son secret.

VIII

Revenons à Mme d'Egmont. Nous l'avons laissée hors d'elle-même et bien malheureuse. C'était donc là le frère de celui qu'elle aimait! Elle l'avait donc retrouvé sentinelle d'un catafalque, ce beau M. de Gisors, qui s'était fait tuer pour elle, car entre les deux frères la ressemblance était frappante : elle l'avait retrouvé aussi beau, aussi jeune; M. de Guys était pour ainsi dire le reflet de M. de

Gisors. Le voilà donc ce jeune homme qui est son pupille et dont elle est le tuteur ! En même temps elle se souvient du serment qu'elle a fait au vidame de Poitiers à son lit de mort : elle a promis au vidame mourant de voir M. de Guys elle-même, de lui parler elle-même à lui-même, de lui remettre à lui-même cette fortune dont elle est la dépositaire. Comment le voir ? où le voir ? que lui dire ? comment tenir son serment ? O Gisors ! Gisors !

Mais comme c'était une femme noble et fière, maîtresse d'elle-même quand elle n'était pas trop surprise et trop épouvantée, Mme la comtesse d'Egmont, revenue de ses premières angoisses, envoya chercher M. de Guys par la vieille femme ; et, comme elle ne voulait pas être connue de ce jeune homme, comme elle voulait ne le revoir jamais, elle le fit conduire par la vieille femme dans son pauvre cabaret, et c'est là, assise sur une misérable chaise, le coude appuyé sur une table de chêne, que M. de Guys, le soldat aux gardes, se trouva en présence de Mme la comtesse d'Egmont.

Vous peindre l'étonnement et la respectueuse admiration du jeune homme, et vous dire combien il la trouva belle, et noble, et digne de toutes sortes de respects, je ne saurais. Quand elle le vit, Mme d'Egmont releva la tête, et, avec la plus grande simplicité, mais aussi avec le plus grand calme, elle parla ainsi, le jeune homme l'écoutant debout et dans l'attitude du plus profond respect :

« Monsieur, lui dit-elle, une personne qui ne veut pas être nommée et qui est morte m'a nommée son exécuteur testamentaire. C'est un office que je n'ai pas pu refuser. Voici donc dans cette cassette une fortune que je devais vous remettre à vous-même moi-même. La volonté du testateur est celle-ci : Que vous soyez heureux et sage. Il sait qu'il n'est pas besoin de vous recommander d'être honnête et brave... Et à présent que mon office est rempli, si vous croyez me devoir quelque reconnaissance, je vous prie d'oublier que vous m'avez vue jamais. »

En même temps elle se leva pour sortir.

Elle sortit en effet. La porte de la rue se referma sur elle. M. de Guys resta immobile, éperdu, se demandant s'il n'était pas le jouet d'un songe.

Le bruit d'un carrosse qui s'éloignait le tira de sa rêverie. Mais ce ne fut que lorsqu'il eut ouvert la riche cassette, et quand il eut touché de ses mains cette fortune qui lui arrivait, que M. de Guys se rappela d'une façon moins confuse la vision qui venait de lui apparaître. Alors, voyant qu'il était tout seul, son cœur se brisa et il se prit à pleurer.

IX

Si cette histoire ne vous semble pas trop étrange, vous passerez, s'il vous plaît, avec moi, du cabaret perdu dans le Marais à la cour éclatante de Louis XV, un jour de grande réception. Car c'est là un siècle étrange et singulier : la royauté y est dans toute sa force, bien qu'elle soit à son déclin ; les sujets sont encore dans la plus profonde soumission, bien qu'ils soient à la veille de la révolte. Il faut donc se rappeler les anciennes splendeurs de cette cour pour se faire une idée du Versailles de Louis XV.

Ce jour-là Mme d'Egmont avait été menée à Versailles par M. le duc de Richelieu, son père. Jamais peut-être la comtesse n'avait été plus belle, plus brillante et mieux parée. Elle portait un grand habit de satin tout garni de broderies en or ; sur toute sa personne, à son cou, à ses bras, à ses mains, sur son front étincelaient les diamants de sa maison, et vous jugez si elle était belle ! Ce fut dans cet appareil et dans cette beauté que Mme d'Egmont fut s'asseoir au grand couvert du roi, à la tête des *femmes titrées*, comme c'était son droit.

Il y avait à ce grand couvert toute la noblesse de France : duchesses, grandes d'Espagne, les femmes des maréchaux de France, tous ceux qui avaient les honneurs du Louvre et qui étaient cousins du roi. Au milieu de cette cour se distinguait par sa beauté, par ses grâces naturelles, par son esprit si fin et si admirablement et innocemment railleur, le seul roi que pût reconnaître Voltaire, le roi Louis XV. Alors le dîner royal commença.

Le public de Versailles, admis au dîner du roi, entrait par une porte et sortait par une autre porte, décrivant dans sa marche rapide un quart de cercle autour du grand couvert. J'ai oublié de vous dire que Mme d'Egmont se tenait à la droite du roi.

Tout à coup le mouvement de cette foule qui passait en silence devant la table du roi est suspendu ; une légère rumeur, retenue par le respect, se fait entendre. Tous les regards, qui étaient tournés vers le roi, se portent du même côté, et alors chacun put voir vis-à-vis le roi, et le regard tourné vers lui, fixe, immobile et cloué à la même place par une force surnaturelle, un homme, un soldat, mais bien fait, mais jeune et beau, mais d'une noble attitude, mais d'un charmant regard, mais d'une grâce parfaite, presque aussi beau que le roi. Comme je vous le dis, il était là immobile, hors de lui, sans mouvement et sans parole : il avait reconnu Mme d'Egmont !

Il y eut un profond silence. Cet intelligent roi Louis XV eut bien vite deviné pour qui le jeune soldat restait là immobile à la même place. Cependant l'exempt des gardes étant survenu, M. de Guys fut arraché violemment de la salle; mais toujours son regard resta fixé à la même place, toujours son âme y resta fixée. Mme d'Egmont, voyant M. de Guys brusquement entraîné par les gardes du corps, ne put se contenir, et elle poussa un gémissement douloureux. Pauvre femme ! elle oubliait que tout le monde la regardait.

Il fallut tout l'esprit et toute la bonté du roi pour tirer la noble dame de cet étrange embarras. Il fit approcher l'exempt de ses gardes, et, sans regarder Mme d'Egmont, mais tout en parlant assez haut pour en être entendu :

« Monsieur, dit-il, relâchez ce jeune homme : il aura été surpris par ce grand appareil; je veux qu'il aille en paix. »

Puis il ajouta :

« C'est la vue de la reine qui l'a peut-être troublé. »

En même temps il jetait sur la reine le plus adorable sourire en s'inclinant.

X

Depuis ce temps M. de Guys ne revit pas Mme d'Egmont : M. de Guys, pour se punir de l'avoir compromise ainsi devant toute la Cour, la noble femme, s'est tué de sa propre main. Quelque temps après mourut aussi Mme d'Egmont, renfermant son secret dans son âme, si elle avait un secret. Et à qui aurait-elle pu le confier, ce triste secret? Son mari ni son père ne l'auraient comprise; il n'y avait eu que le roi Louis XV qui l'avait comprise. Mme d'Egmont voulut en finir avec tant de douleurs secrètes : elle mourut.

Voilà toute l'histoire de ce soldat et de cette grande dame, histoire touchante et d'une grande naïveté, histoire de l'amour le plus pur, le plus naïf et le plus chaste des deux parts. Savez-vous quelque chose de plus intéressant dans le monde que l'amour de Mme d'Egmont pour le noble comte de Gisors, qui se reporte à son insu sur un enfant abandonné?

Et comme déjà, dans ce temps-là, c'étaient les philosophes qui écrivaient l'histoire, l'histoire n'a rien de plus pressé que de raconter comment

Mᵐᵉ la comtesse d'Egmont avait des entrevues avec un beau soldat qui la prenait pour une petite bourgeoise. De nos jours on a mis cette anecdote en vaudeville : le vaudeville nous a été donné orné de toutes les grâces et de toutes les inventions de l'esprit contemporain.

STRADELLA

ou

LE POETE ET LE MUSICIEN

Nous étions à parler de choses et d'autres, sous les arbres, et chacun se plaignait doucement de sa destinée. Le libraire trouvait qu'il n'y avait pas assez de manuscrits sur la place; l'écrivain disait qu'il n'y avait pas assez de libraires; il y avait un poëte qui se plaignait de ne pas trouver de musiciens pour ses poëmes; il y avait un musicien qui se plaignait de ne pas trouver de poëme pour sa musique. Mais, je vous le répète, c'étaient des plaintes sans aigreur et sans fiel, c'était un désespoir qui ressemblait beaucoup à l'espérance; rien n'est amusant à voir et à entendre comme les petits malheurs des hommes qui sont jeunes : aussi je les écoutais se plaindre avec presque autant de plaisir que s'ils avaient chanté en chœur quelques-unes de ces douces complaintes de Mozart.

A la fin cependant un débat assez vif s'établit entre le musicien et le poëte. Le musicien était un jeune homme plein de feu, plein d'esprit, une de ces organisations puissantes que vous reconnaissez tout d'abord à je ne sais quels signes certains : l'œil qui brille sous sa paupière noire, la joie qui éclate sous la peau cuivrée, les cheveux longs et souples, tant ils ont été tourmentés par une main distraite. Le poëte, tout au rebours : c'était un illustre faiseur d'opéras-comiques, qui avait son entrée chez M. Auber et chez M. Scribe ; il avait passé quarante ans, l'âge du génie ; il était frais de visage, il était calme, bien portant, heureux. Content de lui-même, content des autres, il espérait sans trop d'angoisses le fauteuil de l'Institut, soutenu qu'il était dans cet espoir par tant de nominations récentes ; il se croyait aussi grand que M. Meyerbeer ou tout autre grand musicien ; il se souriait à lui-même, au dedans et au dehors ; il se disait tout bas : *La musique, c'est moi !* et, pour peu qu'on l'en eût prié, il l'eût dit aux autres. Bref, c'était un homme heureux dans toute la force de cette belle, et heureuse, et poétique expression : *le bonheur !* Je vous dirais bien

le nom de ce brave homme, mais pourquoi jeter
un nuage sur ce front radieux? pourquoi jeter
une pierre brutale dans ce lac si tranquille?
D'ailleurs, je vous le répète, c'est un homme très-
habile à trouver quand il veut, et toutes les fois
qu'il en a besoin, toutes sortes de pointes, jeux
d'esprit, calembours, scènes, entrées, sorties, et
autres ingrédients du drame lyrique ; il fait le couplet à boire aussi bien que la tendre romance; il
excelle dans le dialogue; il écrit à ravir le grand
air du récitatif; il a un talent tout particulier pour
la ronde pastorale, il entend le couplet final à
merveille; pour le chant patriotique, pour l'épi-
gramme rimée, notre homme ne le cède même
pas à Béranger; il produit des vers bons à mettre
en musique, aussi facilement et presque aussi naturellement que les pommiers de Normandie pro-
duisent la pomme à cidre. Que dites-vous de ces
petits vers? Ils ne ressemblent pas à grand'chose,
cela vous paraît commun et trivial, n'est-ce pas?
Patience! Envoyez-les à Berton ou à Halévy, et
vous verrez ce que deviendront ces méchants petits vers. Comme aussi, si vous l'osez, mordez un
peu dans cette pomme à cidre; quelles horribles
saveurs! Mais laissez faire le tonneau, mettez-moi
cette pomme dans le pressoir, attendez que ce jus
si aigre soit fermenté, et puis *dépotoyez*-moi cette

boisson ! Que vous en semble ? c'est du véritable vin de Champagne normand ! Voilà justement l'histoire de cette poésie d'opéra-comique. Elle est si nauséabonde avant le pressoir et la fermentation ! Mais si le musicien y met de la bonne volonté, et surtout un peu de génie, quel succès, quelle popularité ! voilà soudain ce mauvais vers qui vole de bouche en bouche, qui pénètre dans tous les cœurs. Maurice Schlesinger achète ce vers beaucoup plus cher qu'un vers de Lamartine ; il l'imprime, il le grave, il l'entoure de variations et de caprices, il l'abandonne à tous les instruments connus, depuis le piano jusqu'à la flûte ; voilà le même vers qui se répète, qui se chante, qui se glisse dans toutes les classes sociales et musicales, en haut et en bas ; il est chanté par la jeune fille qui attend la liberté dans son pensionnat, et par la femme sur le retour, qui roucoule dans son salon. Il passe de la cantatrice célèbre et fêtée par cent mille adorateurs, Dieu le sait ! à la pauvre chanteuse de carrefour, qui chante comme on pleure, entre quatre chandelles mal illuminées. Quelle gloire pourrait atteindre la gloire de ce vers d'opéra-comique ? quelle popularité pourrait égaler cette popularité ? quelle fortune cette fortune ? Jamais vers de Racine s'est-il chanté ainsi dans les rues par l'homme qui passe, dans les prisons par le prisonnier qui s'ennuie, à l'heure du rendez-vous par l'amant qui soupire, dans le carrefour de la forêt par le chasseur qui se repose, dans l'atelier par l'ouvrier qui travaille, sur les fleuves par le marin qui rame, dans les airs par Mlle Garnerin qui vole? Le vers d'opéra-comique est plus puissant que le vers d'Homère et que le vers de Racine. Vous dites que la tragédie de Voltaire a beaucoup aidé à la révolution philosophique, en jetant dans les assemblées ces germes de révolte qu'une nation assez intelligente garde précieusement dans son âme, sauf à les retrouver en temps et lieu ! Mais quelle est la tragédie de Voltaire qui ait jamais aidé à une révolution, je ne dis pas comme l'ont fait ces vers fameux :

> Allons, enfants de la patrie,
> Le jour de gloire est arrivé,

mais seulement comme ces deux jolis vers d'opéra moderne :

> Pêcheur, parle bas!
> Le roi des mers ne t'échappera pas.

Voilà des vers qui ont l'air bien innocent au premier abord; ne vous fiez pas à cette innocence! Ces vers sont gros d'une révolution, gros de la révolution de Juillet !

Voilà ce qui vous explique l'amour-propre caché et bien naturel de notre heureux faiseur d'opéras-comiques pour ses propres vers. En homme sage, il jugeait ses poëmes de la hauteur où il les voyait placés. Il se disait qu'un vers qui était dans toutes les mémoires et dans tous les cœurs, qui servait à l'amour dans les salons, à l'émeute dans les rues, à la bataille au dehors, était certainement le plus beau, le plus rare, le plus puissant et le plus poétique de tous les vers. Et de ces vers populaires, notre poëte en avait créé, trouvé, assemblé, pensé et rimé, non pas un, non pas dix, mais cent, deux cents, dix mille! Il en était plein, il en était gros, il en était farci, il sentait en lui-même qu'il pourrait vivre jusqu'à la fin du monde, et que jusqu'à la fin du monde il abonderait en pareils vers; et c'étaient là ses seuls moments de tristesse, en pensant que son âme était immortelle, et que lui, le poëte mortel, hélas! il lui faudrait mourir un jour.

Cependant, quand ces tristes idées lui venaient, l'infortuné, il revenait bien vite à lui-même en se disant qu'il était jeune encore; à peine dans l'âge où l'esprit possède toutes ses facultés brillantes, et que, selon la loi de la nature, il avait au moins encore quarante ans et soixante opéras-comiques à accomplir.

Je crois bien que, malgré la modestie dont s'enveloppait cet heureux poëte comme d'un triple airain, la bonne opinion naturelle qu'il avait de lui-même à tant de titres était parvenue à se faire jour à son insu; le jeune musicien qui revenait d'Italie, qui avait traversé les Alpes, et qui était rude, et mécontent, et sauvage comme un grand artiste méconnu, laissant de côté ces formules polies sans lesquelles la société serait un véritable coupe-gorge. « Pardieu, dit-il au poëte, vous parlez d'humilité et de modération tout à votre aise, mais je voudrais vous voir à ma place, et je voudrais savoir comment vous vous y prendriez pour être humble et modéré comme vous dites! Modération! humilité! patience! cela est bon à dire à ces heureux du monde à qui toutes choses viennent, comme l'eau de source; patience! modération! cela est bon pour les poëtes et les faiseurs de vers! Ils vivent ceux-là, ils sont honorés, ils sont écoutés, chacun leur tend ses mains et son génie en disant : « *Faites-moi l'aumône d'une parole, s'il vous plaît. Assistez-moi d'un petit vers, mon bon monsieur!* » Je le crois bien, pardieu ! que vous êtes humbles et modérés. Mais moi, un pauvre diable qui suis peut-être tout simplement un homme de génie, qui sait? Comment voulez-vous que je sois humble, patient, modéré comme vous dites, quand je me vois soumis à l'humiliation, humiliation inutile, de faire antichambre, antichambre chez vous, moi chez vous ! pour obtenir par pitié, par miséricorde, un peu de cette drogue poétique que vous fabriquez avec tant de facilité, avec tant d'abondance ! Modération et patience, Monsieur ! Moi je suis allé chez vous trois fois, trois fois vous m'avez reçu en grand seigneur. Trois fois vous avez daigné me dire : « Nous verrons ! — Attendez ! — J'ai tant d'engagements ! » Et maintenant, voici qu'aujourd'hui vous ne me reconnaissez même pas ! Et voici qu'aujourd'hui vous vous plaignez que les musiciens manquent à vos poésies ! Les musiciens manquer ! Mais il y en a partout des musiciens, dont le dernier vaut à lui seul vingt grands poëtes de votre espèce. Et quand j'entends cela, et quand j'entends accuser, en se jouant, la musique, et par qui accuser, grand Dieu ! par sa femme de chambre, par son esclave, par sa domestique, la poésie lyrique, il faut que je me contienne, il faut que je me modère, il faut que je sois patient, il faut que je sois heureux et joyeux comme les libraires qui ont des auteurs, comme les auteurs qui ont des libraires ; il faut que je sois heureux pour tout dire, comme Rossini fut heureux le jour où il obtint le célèbre poëme de *Guillaume Tell*. Mais, par le ciel ! il n'en est rien; et, puisque l'occasion s'en présente, monsieur le grand poëte, il faut que je vous dise que vous êtes un usurier et un avare, de m'avoir fait espérer si longtemps, et attendre si longtemps sans jamais me les livrer, les héros ou plutôt les difformes mannequins que je devais couvrir de tant de velours, de si fines dentelles, de si riches broderies, que j'aurais enveloppés de tant de passion et de tant d'amour, ô mon Dieu!»

Ainsi parla cet honnête jeune homme. Il parla en homme indigné, mais aussi il parla en homme convaincu; on lui pardonna son indignation en faveur de sa conviction. Et puis, il eut, vers la fin de cette amère diatribe, tant de douleurs, tant de regrets et tant d'angoisses, que le poëte lui-même ne se sentit pas le courage de se fâcher. Au contraire, il devint tout à coup un assez bon homme :

« C'est donc vous, dit-il à cet emporté jeune homme qui déjà était retombé dans la nonchalance et dans le repos; c'est donc vous, mon musicien, que j'ai cherché si longtemps et demandé si longtemps *aux échos d'alentour!* Vous êtes, en effet, un bien impatient jeune homme, et vous reconnaissez très-violemment l'intérêt qu'on vous porte. Pourquoi donc aussi vous décourager si vite? Vous tombez chez moi comme tombe la

oudre, et vous me dites : « Vite un poëme ! vite
« une action qui intéresse l'auditoire ! vite des pas-
« sions que je mette en œuvre ! » Et pour vous
obéir, il faudrait que tout d'un coup je vous ré-
pondisse : *Tenez, prenez et mangez,* comme si,
moi aussi, je faisais des miracles ! Il n'en est pas
ainsi, jeune homme. Un opéra est une œuvre
lente, méthodique, calculée; on ne fait pas des
vers comme on fait de la musique. Il faut que les
vers aient un sens, une césure, une rime; il faut
qu'ils soient coupés avec soin, tantôt grands, tantôt petits; il faut que vous trouviez votre besogne
toute préparée, toute taillée à l'avance. Le musicien en parle bien à son aise ! Une fois son poëme
obtenu, il n'a plus qu'à y jeter des notes qu'il
trouvera à coup sûr en tâtonnant sur son piano.
La note arrive, il l'écrit, puis il en cherche une
autre. J'ai vu travailler tous nos compositeurs, ils
ne procèdent pas autrement. On m'a dit que
Meyerbeer avait la mauvaise habitude de couper,
de rogner, de tailler, de dépecer le vers qu'on lui
confie. Je professe la plus grande estime pour
Meyerbeer, deux cents représentations ! mais je
vous jure que ce n'est pas moi qui lui laisserais
jamais prendre toutes ces licences. Voilà ce que
j'aurais eu l'honneur de vous dire, Monsieur, si
je vous avais reconnu plus tôt. Mais non, vous

vous croyez des gens de génie, et vous commencez tous par la première scène de l'*Irato !* A votre aise, Messieurs, et que le ciel vous fasse des poëtes, s'il lui plaît ! »

Pendant ce discours, le jeune musicien, que j'appellerai Michel, avait eu le temps de réfléchir que la colère et l'indignation l'avaient emporté trop loin. Il avait fallu, pour le pousser à ces excès, que je ne sais quelle corde de son esprit eût été touchée à faux. Il était, comme Grétry, un homme simple et bon, et de bonne humeur, mais qui avait ses moments terribles. Un jour Grétry entendit son chien qui hurlait faux, et il le jeta par la fenêtre; puis, quand il vit que le pauvre animal avait la cuisse cassée, Grétry versa des larmes. Michel traita à peu près le poëte comme Grétry avait traité son chien. Il l'avait affligé et effarouché, il voulut le consoler. « Allons, lui dit-il en lui tendant la main, pardonnez-moi, j'ai eu tort. Je suis un farouche musicien, c'est vrai, mais j'ai bon cœur. D'ailleurs, que prouvent même toutes ces colères, sinon la dépendance dans laquelle nous sommes tous de vous, poëtes? Oui, vous êtes notre providence. Nul musicien ne pourrait se passer de vous. Vous êtes les maîtres de toute renommée, le succès vient de vous, la gloire vient de vous. Vous êtes tout dans l'art, et nous sommes peu de chose. Sans son libretto de *Don Juan*, Mozart eût-il été Mozart? Le vieux Gluck eût-il été le vieux Gluck sans l'*Armide* ? C'est M. Scribe qui a fait les deux chefs-d'œuvre de Meyerbeer ; je le sais, et je m'incline profondément devant lui et devant vous aussi, et devant tous les poëtes d'opéra-comique. Vous êtes le canevas précieux que nous brodons, vous êtes la riche toile sur laquelle nous peignons, vous êtes le sol dont nous sommes les manœuvres, gloire à vous! pitié pour nous! Vous voyez donc que du fond de mon humilité je vous crie : *Grâce et miséricorde !* Serez-vous donc sans pitié pour moi ? »

A cette prière, moitié sérieuse, moitié comique, mais dont il ne vit que le côté sérieux, notre poëte répondit, non sans s'incliner profondément : « Eh bien ! soit, je me dévoue. Je suspens mes œuvres commencées, Halévy attendra, Berton attendra, Auber attendra, ils attendront tous, que m'importe ? Je vais donc, et j'en prends ces messieurs à témoin, me mettre à l'œuvre sur-le-champ pour vous ! Je vous ferai un opéra en trois actes. La scène se passera où vous voudrez, en Italie, par exemple, c'est la patrie du chant, et puis c'est la mode. Vous choisirez l'époque que vous voudrez : le moyen âge, par exemple. L'Opéra-Comique a beaucoup de fauteuils moyen âge et d'habits moyen âge, et ce sera autant de gagné; je vous mettrai autant de personnages que vous voudrez, une jeune fille et sa soubrette, un jeune peintre, ou un jeune musicien, si vous voulez, un pâtre des montagnes ou un bandit; il nous faut une action historique, sinon point de princesses en grande robe, et point de princes en habits brodés; or, le public du dimanche tient aux princesses et aux princes, au velours et aux broderies, et il ne faut pas mécontenter le public du dimanche; je vous mettrai ensuite autant de duos, trios, quatuors, que faire se pourra. Voyons! Au premier acte, duo de deux femmes, trio; entre le trio et le grand air une mazourka, chœur final, à moins pourtant que vous ne vouliez pas de chœurs, comme dans l'*Éclair,* ce qui est très-favorable à la représentation en province, voire même à Paris, à l'Opéra-Comique, où les chœurs chantent toujours faux. Au second acte, grand air, chœur, romance, trio, et, pour finir, une valse. Au troisième acte, air à boire, quatuor, trio, un galop général. Je compte beaucoup sur cette mazourka, sur cette valse et sur ce galop. Vous voyez, signor, que je n'épargne rien pour votre succès.

« Je vais donc me mettre à l'œuvre à l'instant, et vous faire le plus excellent des opéras-comiques présents ou passés; mais j'y mets une petite condition... »

A ces mots : *une petite condition*, nous fûmes sur le point de nous écrier : « *Et laquelle?* » tant le poëte avait d'assurance dans son maintien, tant il y avait d'inquiétude sur le front de Michel.

« Voici ma condition, *sine qua non*, dit le poëte, qui ne savait que ces deux mots de latin, latin de vaudeville et de la Chambre des députés; je vais faire mon opéra-comique selon le devis précédent; mais vous, Michel, vous m'en donnerez le sujet; sinon, non. »

Disant ces mots, il tira de sa poche un merveilleux étui brodé par une coquette d'opéra-comique, à coup sûr; il tira de ce joli portefeuille un excellent cigare de la Havane, puis, s'étendant mollement sur l'herbe, il attendit le sujet de son nouveau chef-d'œuvre à venir.

Michel, cependant, se frappait le front comme un homme désespéré. Nous étions tous, les uns et les autres, dans la plus grande anxiété; chacun de nous se consultait en lui-même pour savoir si par hasard, dans le coin le plus secret de sa cervelle, il ne trouverait pas le sujet d'un opéra-comique. Celui-ci, qui était un jeune homme savant, interrogeait ses souvenirs classiques; mais ni dans l'Athènes de Périclès, ni dans la Rome d'Auguste, il ne trouvait pas le plus petit opéra-comique. Celui-là, romancier de son état, se consultait pour savoir si son prochain roman, son œuvre inédite, et par conséquent son œuvre favorite, ne pourrait pas servir à construire un opéra-comique. Mais il avait beau arranger et déranger ses personnages, tailler et couper une histoire en plein dialogue, il ne trouvait pas un opéra-comique. Celui-là, qui était libraire, et qui avait publié beaucoup de livres, se rappelait avec regret tous les opéras qu'on avait pris dans ses publications ; mais, hélas ! depuis longtemps tout ce qui avait été à prendre avait été pris bel et bien par les inventeurs dramatiques ; le livre de la veille même avait été déjà déchiqueté pour l'opéra-comique du lendemain, si bien qu'il ne restait pas un seul petit acte d'opéra-comique dans tous les livres publiés par ce malheureux libraire, et il se désolait de publier des auteurs si inutiles à la poésie lyrique et à la société.

Cependant notre poëte, voyant l'embarras général, triomphait modestement, et tout en fumant son cigare d'un air humble et goguenard à la fois, il avait l'air de nous dire : « Vous le voyez, mes petits chers amis, vous êtes là tous de grands critiques, de grands libraires, de grands romanciers, de grands musiciens, et vous voilà bien embarrassés pour trouver seulement un sujet d'opéra-comique ! Il n'est pas si facile que vous le pensez, de faire un opéra-comique ; ne fait pas qui veut un opéra-comique ! Et c'est ainsi qu'il triomphait de nous tous du haut de ses opéras-comiques. »

A la fin, cependant, Michel, rompant le silence, vint à notre aide et à son aide à lui-même. « Je crois, dit-il au poëte en se frappant le front, que j'ai votre affaire. Je me rappelle à présent un sujet admirable, qui aurait fourni à coup sûr les idées d'une symphonie à Beethoven ; je crains seulement que le sujet ne soit trop beau, ou, ce qui revient au même, que le sujet soit trop simple pour la chose sans nom que nous en voulons faire, vous et moi. Écoutez-moi cependant, mon maître ; et puis, quand j'aurai fini, vous me direz sans façon combien il y a de duos, trios, quatuors, valses, galops et mazourkas dans tout cela. »

Alors Michel commença le récit que voici : « Quand j'eus obtenu le grand prix du Conservatoire, ce grand prix qui devait m'ouvrir tous les chemins, hélas ! je m'en allai plein de courage et plein d'espoir à l'école de Rome. Rome, une ville sans musique, une ville sans théâtre, une ville morte, qui n'a pas un *De profundis* à chanter sur ses ruines ; voilà où j'étais, moi, tout seul, moi, pauvre homme, livré à mes cent mille mélodies inconnues, qui ne pouvaient pas sortir de mon cœur. Ah! que n'aurais-je pas donné alors pour une belle voix qui eût voulu chanter ma musique! que n'aurais-je pas donné pour avoir à moi quelque vigoureux et jeune orchestre qui pût retentir énergiquement sous mes ordres! Ni femme de vingt ans, ni amour, ni belle Italienne brûlée au dedans et brûlée au dehors, ni Française qui m'eût tendu ses bras avec une sincère passion, rien n'eût valu pour moi le premier coup d'archet de mon chef d'orchestre! rien au monde! Cependant j'allais, je venais, je cherchais, j'attendais, j'avais deux ans à rester là, dans cette ville éternelle, dans ce silence éternel, au milieu d'ennuis éternels!

« Enfin, l'ennui me prit si fort de me voir perdu au milieu de ce silence, dans ces ruines muettes, dans ces temples sans prières, dans ces palais sans échos, que je me dis un jour qu'il me fallait mourir ou qu'il me fallait m'enfuir; mais où fuir? Rome était la vaste prison que m'avait imposée l'Institut en me donnant ma première couronne, et je ne pouvais sortir de l'Italie, qui servait de remparts et de fossés à ma triste prison. On me parla des Abruzzes; on me dit qu'il y avait quelques dangers à courir dans ces montagnes qui mettent hors de la loi et des sbires ; que la montagne n'était pas sûre, mais que le torrent était rapide, que le soleil était éclatant, que la terre était poétique, qu'on ne voyait pas Rome des Abruzzes, ni son capitole élevé, ni ses églises sans croyances, ni ses statues sans nez et sans nom qu'on vous donne pour des héros. On m'avait dit que dans les Abruzzes il n'y avait pas d'académie de Rome, pas d'école de peinture, pas d'école de musique, pas de professeurs venus tout exprès de la section de peinture à l'Institut pour nous enseigner la musique. Ce n'était pas acheter trop cher cet admirable exil par quelques dangers : je partis donc. Je m'enfonçai dans ces gorges profondes en chantant ma musique ; je cherchais plus que je ne les craignais les brigands qui devaient venir et m'enlever, nouveau Salvator Rosa, au milieu de leurs montagnes, et, comme pour les provoquer, quelles belles mélodies je chantais en marchant !

« Un jour que la chaleur était grande, et que je me reposais, haletant, au pied d'une chapelle en ruines, je vis venir à moi une pauvre vieille femme qui portait sur sa tête une élégante cruche qu'on eût prise pour un vase étrusque déterré la veille à Herculanum. La bonne femme m'offrit à boire avec la bonne grâce hospitalière de Rachel à la fontaine; seulement c'était une Rachel de soixante ans. Mais l'eau de la Rachel biblique n'était pas plus fraîche et plus pure que l'eau de ma vieille Rachel italienne. «Vous êtes bien seul? me dit-elle dans un bon patois italien que je comprenais à merveille, car ce n'est pas là une langue : c'est une chanson, c'est une musique; vous êtes bien seul, et comment n'avez-vous pas peur des bandits des montagnes ?

« — Je n'ai peur de rien, lui dis-je, ma bonne mère, car je n'ai rien à perdre. Je suis un pauvre homme que l'ennui a poussé dans ces montagnes; si je rencontre un bandit, tant mieux! Mais, à vrai dire, je ne crois pas plus aux bandits qu'aux musiciens de l'Italie; ils sont morts les uns et les autres, on n'en voit plus. Hélas! je voudrais voir l'Italie remplie de bandits, de voleurs, de galériens, de carbonari, et tout ce qu'il y a de plus affreux, pourvu que j'y fisse rencontre d'un Cimarosa. »

« La bonne femme m'écoutait avec un fin sourire italien, qui était un sourire de bon augure.

« Elle déposa lestement sa belle cruche sur la pierre où j'étais assis, et après avoir pris place à côté de sa cruche, dont je sentais la bienveillante fraîcheur entre la vieille et moi : «Çà, me dit-elle, je vois que vous n'avez pas peur des bandits, et vous avez raison ; le bandit ne veut pas grand mal à vous autres artistes. Le bandit est vagabond comme l'artiste ; il est couvert de haillons comme l'artiste ; il vit au jour le jour, il chante gaiement comme l'artiste ; le bandit est un artiste. Moi qui vous parle, seigneur, j'étais la fille d'un bandit des montagnes et d'une princesse, fille d'un cardinal ! Quand j'étais jeune, j'épousai un jeune bandit de Terracine, Antonio. Qu'il était beau et brave ! quelles larges boucles d'or à ses oreilles ! quels épais boutons d'argent à sa veste de velours ! quels jolis petits pistolets à sa ceinture ! Il avait la plus belle carabine, le plus beau sabre, le plus ferme coup d'œil. Il pinçait de la guitare comme un *don* espagnol ; il chantait comme un *soprano*, et pourtant, Dieu sait que ce n'était pas là sa voix naturelle ! Ainsi, je suis fille de bandit, femme de bandit, mère de bandit. Mon père est mort d'un coup de poignard ; sa tête valait mille sequins ! Mon mari est mort dans une bataille livrée en plaine contre les sbires ; sa mort a été célébrée par une chanson ! J'espère bien que mes fils mourront aussi honorablement, aussi heureusement que leurs pères, par le fer ou par le feu ; car nous avons toujours été une famille heureuse, honnête et dévouée à la Vierge. Ainsi donc, si vous voulez venir avec moi, je vous ferai peut-être voir des bandits, puisque vous les aimez. »

« Messieurs, nous dit Michel en se retournant vers son poëte, vous trouvez peut-être inconvenant le discours de cette bonne femme, fille, femme et mère de bandits si heureux ; mais si vous l'aviez entendue me raconter naïvement et simplement tous ces détails, peut-être penseriez-vous, comme moi, que tout ce discours était fort naturel dans la bouche d'une fille des montagnes, qui, de bonne heure, se sera fait le raisonnement suivant : *La montagne est à nous ;* nous n'avons pas d'autre patrimoine. Or, le susdit patrimoine ne nous donne ni fruits, ni fleurs, ni pain, ni vin, ni pâturages ; nous n'avons que nos abîmes, nos grands arbres, nos vertes forêts, nos rapides cascades, notre ciel sans nuage ; nous ne sommes sur le chemin de personne : il faut donc que l'étranger qui se présente dans nos montagnes, qui dort à l'ombre de nos vieux chênes, qui se désaltère dans nos ruisseaux, qui regarde notre beau ciel, qui respire cet air si pur, nous paye notre ombre, notre eau, notre ciel, notre air, tout comme il nous payerait nos fruits, si nous avions des fruits ; notre vin, si nous faisions du vin ; notre pain, si nous recueillions du pain ! Nous vendons ce que nous avons, nous autres montagnards : c'est notre droit. Nous n'avons rien, il faut que le voyageur nous l'achète ! Mon Dieu ! Messieurs, n'ouvrez pas de si grands yeux ; cette bonne femme raisonne tout à fait comme raisonne le faiseur d'opéras-comiques, quand il nous vend, à nous autres musiciens de talent, ses vers et son esprit.

« Mais je reviens à la bonne femme. « Ma bonne mère, lui dis-je, vous me voyez bien heureux de votre confiance, et, sans nul doute, j'accepterais votre proposition ; mais être présenté à un bandit comme je pourrais être présenté dans le salon d'un cardinal, cela me paraît une cérémonie ridicule. Je n'ai jamais compris une rencontre avec ces héros des montagnes que contrainte et forcée ; le hasard est le seul introducteur que je veuille accepter auprès de ces maîtres souverains des Abruzzes. Ainsi donc, trouvez bon que je continue ma route à tout hasard.

« — J'en suis fâchée, me dit la bonne femme, bien fâchée ; je vous aurais raconté, chemin faisant, un miracle de notre bonne dame, la sainte Vierge Marie, dont voici la chapelle : d'autant plus que le héros de cette histoire, c'est un musicien, un grand musicien, sainte Vierge ! Mais bonne route, seigneur, et que le ciel soit avec vous. »

« A ce mot de musicien, je me sentis saisi d'un

grand intérêt que vous comprendrez tout d'abord. J'allais partir, je m'arrêtai : « Le soleil est encore bien haut, dis-je à la vieille femme ; vous plaît-il de me raconter cette histoire, ma bonne ? » Et alors elle commença sans se faire prier, et c'est là aussi que commence notre opéra-comique, s'il vous plaît.

« Monsieur, il y avait, il y a bien longtemps, me dit la vieille, à Rome, un jeune musicien d'une grande beauté, et d'une grande renommée, et d'une grande belle voix, nommé Stradella. Il était jeune, bien fait, brave, de belle humeur, galant pour les dames, et si vif, et si gai, et si bon, que c'était parmi les plus jeunes femmes à qui serait aimée de lui. Lui, de son côté, il aimait toutes les femmes, les plus belles et les plus jeunes, s'entend. Enfin, enfin, vint le jour où Stradella devait aimer de son véritable amour ; mais aussi c'était une belle jeune fille si modeste et d'un si grand nom que Stradella en eut grand'peur. Il n'y a pas de peur si grande qui ne cède à un grand amour. La peur de Stradella s'en alla bien vite. Il osa dire enfin : *Je t'aime*, ce mot charmant que chante le cœur à vingt ans. Elle lui répondit : « Je t'aime ! » Il l'enleva, il en fit sa femme, et ils prirent la fuite, elle et lui ! Courez après !

« Mais hélas ! si la jeunesse est heureuse, elle est pauvre. L'argent n'était pas le troisième compagnon de cette fuite. Stradella se cacha d'abord, *lui et son amour*, car la famille de la fille enlevée était puissante ; on la cherchait de toutes parts dans l'Italie. Où est-elle ? où est Stradella ? Cette famille offensée était avide de vengeance. Une vengeance italienne, seigneur ! Stradella se cachait, il cachait sa femme ; mais comment cacher longtemps un bel œil noir qui brille comme le soleil ? comment dérober sous un silence obstiné une voix qui sonne comme l'or ? Un jour Stradella chanta ; il était à Venise, on l'entendit de Rome ! Un autre jour il promena sa femme dans une gondole ; la gondole était fermée, la femme était masquée : on vit cette femme de Rome même ; dans le fond de la gondole, on vit la jeune dame à travers son masque ; elle fut reconnue par la vengeance qui la guettait. La vengeance possède un regard aussi perçant que l'amour.

« Ainsi avertis que la plus belle voix italienne chantait à Venise, et que la plus belle Romaine de dix-huit ans se promenait en gondole fermée à Venise, voilà aussitôt nos parents outragés qui se mettent en route. Ils arrivent à Venise, ils arrivent trop tard : Stradella est parti, sa femme aussi. On écoute, on regarde, on les suit. Stradella entrait alors avec sa femme dans ces mêmes montagnes où vous êtes. Ils avaient eu accès, elle et lui, dans le village que vous voyez là-haut, ou plutôt dont vous voyez les ruines, car il n'y a plus de village; les maîtres de la montagne ne veulent pas de village si près d'eux. Nos Romains suivent les deux amants à la trace. Ainsi ils se trouvèrent réunis dans les mêmes montagnes, Stradella et sa femme, les parents outragés et leur vengeance. Il y avait du sang dans tout cela.

« C'était un beau dimanche, le plus beau dimanche de l'année chrétienne : c'était la fête de la Vierge. La petite chapelle que vous voyez là, triste et fermée, était resplendissante ; l'autel était paré de fleurs, la Madone était dans sa plus riche parure, toute la montagne célébrait en priant sa sainte patronne. Tout à coup, au milieu du silence, on entendit une voix qui venait du ciel : c'était la voix d'un ange, c'était une voix divine. L'émotion était dans tous les cœurs, les larmes étaient dans tous les yeux, Stradella chantait. Sans défiance et sans crainte, il était venu pour fêter la sainte Vierge, lui aussi; mais vous allez voir, seigneur, comme il en fut récompensé !... »

Nous écoutions avec le plus grand intérêt le récit de Michel, ou plutôt le récit de la vieille femme, lorsque tout à coup Michel fut interrompu par le poëte : « C'est cela, voilà qui commence fort bien pour vous, jeune homme. Premier acte. Un jeune musicien italien, que nous nommons Alberti ; il fait la cour à la fille du riche seigneur Montferti, nommée Angéla. Voilà un beau premier acte ; il me semble que j'y suis déjà. En même temps le second poëte nous récitait gravement des vers excellents d'opéra-comique qu'il venait d'improviser :

ALBERTI.

A mon amour accordez votre fille ;
De la seule Angéia je veux tout mon bonheur.
Ah ! je reconnais à mon cœur
Que je suis de votre famille.

MONTFERTI.

Jeune imprudent, tu n'auras pas ma fille ;
Qu'une autre fasse ton bonheur.
Va ! je le sens à ma fureur,
Tu n'es pas de notre famille.

L'heureux poëte nous récita ainsi plus de cent vers de sa façon, excellents à mettre en musique, et nous nous entre-regardions les uns les autres dans le plus grand étonnement.

Quand le poëte eut débité assez de vers, et quand nous fûmes revenus de notre première surprise, nous priâmes Michel de continuer son histoire. Mais lui, le pauvre homme de génie, il ne nous écoutait guère; il avait caché sa tête dans ses deux mains, et il paraissait plongé dans le plus immense désespoir. « Qu'as-tu, Michel? lui dis-je tout bas, et d'où te vient la tristesse subite qui t'arrête dans ton récit ?

— Hélas! me dit Michel à voix basse, ne comprends-tu pas mon désespoir à propos de ces horribles vers qu'il me faudra mettre en musique si je veux me produire? Ne comprends-tu pas le violent chagrin qui s'empare de mon esprit en se voyant accouplé avec un esprit pareil? *Bonheur! Malheur! Amour! Bonjour! Tendresse! Tristesse!* voilà le cercle de Popilius dans lequel je suis enfermé, moi comme les autres, sans pouvoir en sortir! Mon ami, ne me vois-tu donc pas accouplé avec cet homme? moi si jeune, lui si vieux; moi si enthousiaste, lui si froid; moi si croyant, lui si goguenard; moi si rempli de passions, lui dont toute passion est morte et éteinte! Et tu veux que je sois gai en présence du supplice dont parle Virgile, un mort attaché à un vivant! »

Cependant nos amis criaient à Michel : « Michel! la fin de ton histoire! Voici ton poëte qui est retombé sur le gazon du haut de son enthousiasme; il écoute et il attend.

—J'écoute et j'attends, dit le poëte imperturbable.

— Où en étions-nous restés? demanda Michel avec un sourire qui allait au cœur.

— Nous en étions, s'écria le poëte de sa grosse voix, au moment où l'Italien Alberti, poursuivi par son beau-père Montferti, s'en va dans la chapelle de la Vierge chanter la petite ronde suivante, qui sera du meilleur effet :

> Vierge Marie,
> Ma voix te prie
> Et te supplie
> En ce beau jour.
> Vois mon supplice,
> Ma protectrice,
> Ah! sois propice
> A mon amour!

Et le brave homme vous chantait ces petits vers sur un joli petit air de sa composition, en attendant la musique de Michel.

« Donc, reprit Michel, voici ce que me racontait la bonne vieille en attendant ses fils les bandits :

« Comme Stradella chantait, deux bravi romains, qui s'étaient glissés dans la chapelle pour le tuer, s'arrêtèrent éperdus, éblouis, attendris par cette voix qui venait du ciel. Stradella, debout, les mains jointes, le front vers l'autel, paraissait un ange qui venait fêter la Vierge parmi les hommes. Cette famille romaine qu'il avait déshonorée avait résolu que Stradella serait tué publiquement, puisque l'offense avait été publique. Les deux assassins, en l'entendant chanter ainsi, s'entre-regardèrent. Ce regard voulait dire : « Attendons ! »

« Quand Stradella eut chanté, la sainte messe, un instant suspendue, reprit son cours. Les bravi entendirent la messe dévotement comme de bons catholiques ; puis, faisant le signe de la croix, ils portèrent la main à leurs poignards, et cette fois ils allaient frapper, quand soudain la même voix céleste commença un autre cantique : c'était un cantique d'action de grâces si touchant, si simple, si bien venu du cœur, que les poignards rentrèrent une seconde fois dans leur fourreau. Les deux bravi tremblaient, ils pleuraient, ils priaient Dieu de leur donner le courage qui leur manquait, Stradella chantait toujours. »

Ici le poëte ne contint plus son enthousiasme. « O la belle scène! dit-il, ô la belle scène ! Nous aurons un orgue; Alberti, ou, si vous aimez mieux, Stradella, chantera son hymne aux sons de l'orgue, ce qui sera du plus riche effet. Un orgue ! nous allons faire un opéra aussi beau que le *Zampa* de Hérold; un orgue ! nous allons faire un opéra égal à celui de Meyerbeer. Oui, certes, votre sujet est bien choisi, Michel. Comment donc! nous aurons en même temps des grands seigneurs et des paysans, des prêtres et des bandits, le velours et la bure, l'étole et le poignard, tous les extrêmes, tout ce qui fait un bon opéra-comique. Bien plus, je veux vous faire ici un finale admirable, où vous pourrez mêler le tocsin, la prière et la fusillade. Entendez-vous le son des cloches, le bruit des pistolets, les cris, les clameurs, les jurements, les prières? Quel bruit vous allez faire, grâce à moi, Michel! En même temps il grossissait sa voix et il improvisait son finale :

> J'entends les cloches en volées,
> Et j'entends mugir les canons,
> J'entends mille clameurs mêlées
> De femmes, d'enfants, de clairons;
> Entendez-vous ce grand orage,
> Et ce vacarme et ce fracas?
> Dans ce conflit, la voix du sage
> Est la seule qu'on n'entend pas.

Et notre homme était si bien lancé qu'il fallut l'abandonner à son finale.

Quand le poëte eut toussé tous ses vers, Michel, qui avait pris son parti, poursuivit son histoire, si souvent interrompue :

« Ils étaient donc là, derrière un pilier, ces deux assassins à moitié vaincus, lorsque tout à coup, n'en pouvant plus, ils s'écrièrent : « Grâce!

pitié! pitié, seigneur! » En même temps ils jetèrent leurs poignards aux pieds de la statue de la Vierge, où ils sont encore. Stradella, de son côté, cherchait en vain à s'expliquer le repentir de ces hommes. A la fin, il comprit que sa vie était vendue, que sa mort était jurée, que ces deux hommes le tenaient sous le coup de leurs poignards, et que s'il n'avait pas chanté il était mort. Alors il pardonna à ses assassins, puis il rendit grâces à la sainte Vierge, qui l'avait si miraculeusement sauvé. »

— Ce qui fait encore un beau prétexte à un magnifique cantique, ajouta le poëte, tout prêt à improviser encore.

— Et c'est là tout le dénoûment? demanda le jeune romancier à Michel.

— Tout le dénoûment! Non pas, dit Michel, car les assassins de Stradella ne furent pas les seuls à pardonner : ce fut un pardon général, et Stradella s'en revint à Rome avec sa jeune épouse et ses nobles parents, qui s'estimèrent trop heureux d'avoir un pareil fils.

« C'est-à-dire, reprit Michel en riant, que le père Montferti chante à son gendre :

> Mon cher ami, je te donne ma fille;
> Ah! qu'elle fasse ton bonheur.
> Je te reconnais à mon cœur
> Pour un membre de ma famille!

Et nous de rire. Mais le poëte le prit au sérieux : « Monsieur, dit-il, si mes vers ne vous conviennent pas, vous n'avez qu'à parler, assez d'autres musiciens que vous s'en chargeront. »

Ce disant, il se leva et partit aussi courroucé que le surlendemain d'une première représentation, quand le surlendemain est un lundi.

Alors, la conversation, délivrée de ce terrible improvisateur, devint plus générale. Chacun parla de cette malheureuse nécessité des musiciens de génie dont l'avenir dépend de quelques poëtes si difficiles à rencontrer. « Je vous avoue, nous disait Michel, que la nécessité d'une rime et d'un dialogue a été, dans toute ma vie musicale, le plus grand tourment et la nécessité la plus dure. J'ai eu faim, j'ai eu soif; bien plus, j'ai eu peur, la peur, cette horrible sensation! Eh bien! jamais je n'ai éprouvé plus d'horrible peine que lorsqu'enfin force m'a été de me mettre en quête d'un poëme. Un poëme! ils appellent cela un poëme! Et encore avez-vous vu comme il a écouté cette belle histoire de Stradella comme il l'a tout de suite gâtée et déformée à plaisir! comme il a été impitoyable! comme il a mal compris ce grand triomphe de l'art et de l'artiste, qui se fait sentir aux cœurs les plus endurcis, qui fléchit l'orgueil d'un sénateur romain, qui arrache le poignard aux mains des assassins à gage? Il n'a rien compris de toute cette belle scène que je vois encore, que je sens, que j'entends dans mon âme, qui se révèle à moi par mille accents tendres ou terribles. Et dire, mon Dieu! que je ne puis pas révéler tout cela tout seul, à moi seul! Et dire que si je n'ai pas un aide, et quel aide! un appui, et quel appui! je puis mourir inconnu, sans avoir jeté au dehors une seule des idées qui me tuent! Certes, Messieurs, avouez-le, voilà une destinée malheureuse, voilà un triste avenir. »

Pauvre homme! son désespoir me fit peine, et j'essayai de l'en tirer. « Allons, du courage, Michel, que diable! ce n'est pas le phénix, un poëme à trouver! Puisque cet honnête poëte de tout à l'heure est si bien disposé pour vous, qui vous empêche de vous en servir? Prenez donc les vers qu'on vous donne, et félicitez-vous s'ils sont médiocres; vous aurez moins à vous en inquiéter. Dites-moi, je vous prie, pourquoi n'a-t-on jamais mis en musique les *Méditations* de Lamartine ou la prose de Chateaubriand? Ne serait-ce pas parce que, la grande prose ou la belle poésie portant en elles-mêmes leur propre musique, il devient très-difficile, pour ne pas dire impossible, d'ajouter une harmonie à cette harmonie, une idée à cette idée, une musique à cette musique ? N'avez-vous pas peur, mon ami, de pécher par trop d'orgueil ? Pourquoi donc voudriez-vous vous soustraire au joug sous lequel ont passé les plus nobles têtes ? Acceptez donc une nécessité inévitable, et réservez pour votre œuvre toute cette verve et toute cette indignation que vous jetez là en pure perte, croyez-moi. »

Le romancier, qui ne doutait de rien, parce qu'il avait fait un roman qui avait réussi pendant dix-sept jours et demi, succès immense : « Pardieu, dit-il, il me semble que ce n'est pas la mer à boire, un poëme, et qu'en nous y mettant trois ou quatre gens d'esprit comme vous et moi, Messieurs, nous pourrions tirer d'affaire ce pauvre Michel. Et d'abord, il ne s'agit que de bien tracer le plan du petit opéra-comique. Je commencerai donc par...

— Oui, reprit le libraire, qui était un homme sensé, vous commencerez, mon cher, comme le poëte de tout à l'heure, par nommer les personnages Alberto ou Alberti, Montferti ou Montferto, Angéla ou Louisa ; vous dresserez ensuite vos trois actes tout comme le premier poëte. Premier acte : l'enlèvement, lutte du père et de l'amant, difficulté prévue, tranchée par la volonté de la jeune fille. — Second acte : la scène se passe à Venise ; vous imaginerez peut-être que la scène se passe dans le carnaval : vous aurez des masques, une fête et un bal. Le poëte de tout à l'heure y a déjà pensé aussi bien que vous. —Troisième acte : la chapelle, c'est-à-dire l'orgue et les fusils, les brigands et les grands seigneurs. C'est convenu, c'est fait d'avance ; je vous défie de trouver mieux ! Quant aux vers que vous ferez pour la musique de Monsieur, ils seront à coup sûr pitoyables. Vous voudrez y mettre plus d'esprit, vous y mettrez moins de bon sens ; vous croirez les faire meilleurs, vous les ferez moins clairs. A chacun son métier, à chacun son art, comme on dit. Vous avez peut-être dix fois plus d'esprit qu'il n'en faut pour composer un bon opéra-comique ; mais à coup sûr vous n'avez pas l'esprit qu'il faut. Nous nous attellerions tous à cette œuvre, vous iriez chercher toute l'Académie française (je parle des trente-six membres de l'Académie française qui ne savent pas faire l'opéra-comique), que tous nos efforts réunis ne parviendraient pas à composer un bon opéra-comique. Que diable ! n'oubliez donc pas que Voltaire lui-même, oui, Voltaire, l'auteur de *Zaïre* et de *Mérope*, n'a pas pu parvenir à écrire un bon opéra, à plus forte raison a-t-il échoué dans l'opéra-comique ! Donc, puisque nous en sommes à délibérer, je suis d'avis que nous allions en députation chez le poëte de tout à l'heure implorer auprès de sa muse outragée le poëme de Michel. »

L'avis était dur, mais il était sage. A cette nouvelle humiliation, je vis Michel pâlir; mais il se contint, il venait de s'avouer qu'il n'était pas le plus fort. Déjà même il tremblait, et nous tremblions tous au fond de l'âme, tant il était à craindre que le poëte irrité n'eût porté son poëme ailleurs. Nous allions donc reprendre notre course vers la ville tout d'une haleine, et quitter le frais ombrage où nous étions si bien, pour courir après un poëte, lorsque tout à coup le romancier, qui a la vue perçante, nous fit signe de nous taire. C'était le poëte qui revenait à Michel! le poëte qui revenait au musicien! Quelle gloire pour vous, Michel!

« J'ai oublié, dit le poëte, quel titre nous mettrons à notre opéra.

— Mais, dit Michel timidement, il faut, sauf meilleur avis, l'intituler tout simplement *Stradella.*

— Dieu nous en garde! dit le poëte, j'appelle notre opéra le *Triomphe des chanteurs.* »

Il sortit; puis, revenant une seconde fois sur ses pas : « J'ai oublié encore de vous demander quel métier faisait donc le bandit Poignardini avant de se faire bandit?

— Puisque vous voulez absolument le savoir, répondit Michel en riant, le bandit *Poignardini*, avant de se faire bandit, avait été élève au Conservatoire à Paris ; il avait été lauréat de l'Institut; sa cantate avait été chantée par M. Ponchard; il avait attendu pendant dix ans un poëme d'opéra-comique, et, voyant que ce poëme n'arrivait pas, il s'était fait bandit. »

UN PORTRAIT

'ÉTAIS assis chez une vieille dame qui était belle entre toutes les belles au commencement de l'Empire.

Depuis longtemps elle s'est résignée à n'être plus qu'une excellente personne de beaucoup d'esprit et de tact, et elle vous parle de sa jeunesse comme d'une chose dont elle se souvient à peine. De toute sa beauté d'autrefois, cette aimable personne n'a rien gardé qu'un portrait d'Isabey, qui est un chef-d'œuvre.

Il est impossible de réunir sur un plus petit espace un plus bel ensemble de tout ce qui compose la grâce, l'esprit et la beauté. L'autre soir donc, je regardais avec une admiration toujours nouvelle ce printemps féminin fixé là, lorsque la dame, avec un gros soupir, me dit : « Si vous saviez l'histoire de ce portrait! »

Or, cette histoire, la voilà. C'était au commencement de l'Empire ; parmi les plus belles personnes de la nouvelle cour se distinguait Mme de V..., nouvellement mariée à un jeune magistrat que sa famille avait forcé de renoncer au métier des armes.

En ce temps-là, l'insolence des capitaines du nouvel empereur était égale à leur courage.

Revenaient-ils d'une bataille, il fallait que la ville leur fût soumise; tous les regards leur appartenaient de droit, tous les sourires, et malheur à celui qui voulait défendre sa maîtresse ou sa femme contre ces rapides conquérants! Cependant le jeune magistrat eut cette audace. A un bal que donnait l'impératrice, sa femme fut remarquée par un capitaine nouvellement arrivé d'Allemagne. Le lendemain les deux rivaux se battirent; le magistrat fut blessé à mort; le capitaine essuya son épée, et tout fut dit.

Chacun trouva que la chose était la plus naturelle du monde; et comme c'était là un brave soldat, et qu'il avait plus besoin de soldats que de magistrats, l'empereur lui-même ferma les yeux.

Voilà donc Mme de V... restée veuve et seule

au monde. En vain sa voix demande justice, sa voix se perd dans ces bruits de victoire.

Elle aimait son mari, elle voulait le venger; mais comment faire, hélas! Ce fut alors que, pour obéir à un désir de sa grand'mère, Mme de V.... fit faire son portrait par Isabey, le peintre à la mode. Son mari était mort depuis trois ans, et cependant elle portait encore le deuil! C'est qu'aussi ces dentelles noires encadraient à merveille sa tête blanche et fière, et, encore une fois, elle aimait et pleurait sincèrement son mari.

En ce temps-là, vous le savez, chaque mois de l'année amenait une victoire, et à chaque bataille nouvelle, quand le jour du repos était venu, les officiers de l'empereur accouraient à Paris pour s'y voir passer en grand uniforme.

Là, ils avaient une douzaine de jours tout remplis de désirs et de joie : c'était un sauve qui peut général. Notre capitaine était revenu colonel; il avait tout oublié, même la femme qu'il avait insultée, même le mari qu'il avait tué. Il avait vu tant d'autres femmes et tant d'autres morts! En ce temps-là aussi, l'empereur, qui s'inquiétait de toutes choses, ouvrait le Louvre aux artistes modernes; il avait été le premier à s'occuper de cette fête qu'il donnait aux beaux-arts, et naturellement chacun avait imité le maître.

Dans cette exposition, ce qu'on remarquait surtout, c'étaient les batailles que Gros livrait à la suite de l'empereur; c'étaient les jolies têtes que copiait Isabey à la cour de l'empereur. L'armée s'inquiétait fort peu des batailles de Gros, car en ce temps-là la vie n'était qu'une longue bataille; mais, en revanche, les jeunes officiers se préoccupaient jusqu'au délire des portraits d'Isabey; ils se disaient entre eux le nom de toutes ces femmes; ils en savaient toutes les amours; ils auraient pu dire à l'avance à quels heureux mortels ces portraits étaient réservés. C'était, parmi eux, à qui proclamerait le plus haut son admiration et ses éloges. On a vu de ces garnements se battre pour soutenir la prééminence, non pas de la femme, qu'ils ne connaissaient pas, mais seulement du portrait qu'ils avaient sous les yeux. Surtout cette année-là, on s'arrêtait devant le portrait de cette femme en deuil, et chacun de s'écrier sur la beauté de cette étrange personne, dont nul ne pouvait dire le nom.

Seulement notre colonel avait une vague idée de l'avoir vue quelque part; il la contemplait avec une émotion indéfinissable; puis enfin, après un long silence, regardant tous ses camarades ébahis:

« Messieurs, dit-il, si cette femme veut me donner une heure de sa vie, je prends l'engagement d'honneur de me faire tuer à la tête de mon régiment dans un mois. »

Il dit cela assez haut pour qu'une femme l'entendît dans la foule; elle frappa sur l'épaule du colonel, et, se plaçant devant le portrait de façon à ne tromper personne :

« Messieurs, dit-elle, vous êtes tous témoins de son serment. *J'accepte* votre condition, Monsieur. »

Et ils sortirent lentement du Louvre, elle et lui, chaque officier portant la main à son chapeau, comme s'il voyait passer un mort.

« Ah! mon Dieu! » m'écriai-je, épouvanté de la façon dont Mme de V... me racontait cette histoire.

Alors, de sa main amaigrie par l'âge et le chagrin, elle détacha le portrait d'Isabey. Derrière ce portrait, il y avait écrit avec du sang : *Tant tenu, tant payé*. Le colonel s'était fait tuer à la tête de son régiment, jour pour jour, un mois après la scène du Louvre.

Ainsi la mort de M. de V... avait été vengée.

« Mais depuis ce temps-là, ce n'est plus lui que je pleure! » s'écria Mme de V... en baisant les traces sanglantes du portrait d'Isabey.

GABRIELLI

n 1777, sous le règne de Métastase, le grand poëte italien, un jeune seigneur français voyageait en Italie, et il venait d'arriver à Venise, quand le hasard, ou plutôt son propre bonheur, le fit le héros de l'aventure que voici.

Notre jeune homme habitait une vieille et solennelle maison de la place Saint-Marc, un ancien palais tout chargé d'armoiries, sombre et silencieux comme le front d'un noble Vénitien, demeure ouverte à tous les vents et à tous les voyageurs de bonne famille. Dans cette maison, et quel que fût l'étranger qui l'habitât, régnait toute l'année un silence vénitien : c'est tout dire. Voilà pourquoi le jeune seigneur, qui fut le héros de cette histoire, s'ennuyait fort de cette maison silencieuse, et de cette grande ville masquée, Venise, qu'il s'était figurée si remplie de luxe, de bruit, et d'intrigues d'amour.

Un jour, un jour d'hiver, que le nuage vénitien était plus épais que de coutume, et le vent encore plus aigu, où toute la ville appartenait à la tristesse de ces gondoles noires qu'on eût prises pour autant de tombes qui glissaient jusqu'à l'asile des morts, le jeune comte entendit qu'il se faisait un grand bruit à la porte de la maison qu'il habitait. Les portes s'ouvraient à deux battants, les vastes escaliers de marbre retentissaient sous les pas des valets; les longs corridors se remplissaient de bagages, et, tout d'un coup, le gardien de cette maison, entrant d'un air effaré dans la chambre occupée par notre jeune homme :

« Ah ! seigneur ! ah ! seigneur ! s'écria cet homme, nous sommes perdus ! je suis perdu. Malédiction à moi ! ajoutait-il en s'arrachant les cheveux. J'ai trahi la confiance de ma maîtresse, j'ai violé son asile. Elle m'avait confié son palais pour que j'en prisse soin en bon et fidèle domestique, et ce palais, je l'ai loué à des étrangers, au premier venu qui a voulu me payer ! Malédiction sur moi ! malédiction ! un autre que ma maîtresse a foulé ces vieux tapis, un autre que ma maîtresse s'est promené dans ces vastes salons, un autre que ma maîtresse a, sans sa permission, couché dans son lit de chêne et de damas. Malédiction sur moi! malédiction! Et cependant, que faire? que devenir? ma maîtresse, que je croyais bien loin, oh! oui, je la croyais bien loin, elle arrive tout d'un coup. Elle est là, l'entendez-vous venir? là, vous dis-je? Voici ses domestiques, voici ses officiers, voici ses bagages, voici son majordome, voici l'armée de ses femmes! Les entendez-vous! Où fuir? où ne pas fuir? Ah! seigneur étranger, illustre comte, venez, de grâce, venez à mon secours. Protégez-moi, fuyez vite, fuyez. Emportez avec vous votre bagage ; voulez-vous que j'appelle votre valet, Monseigneur? voulez-vous que j'accompagne votre altesse à l'hôtellerie voisine, Excellence? Nous avons peut-être encore le temps de fuir, vous et moi, avant que ma maîtresse ait appris que vous avez habité sa maison, que vous avez dormi dans sa chambre et dans son lit. Oh! fuyons, fuyons, fuyons! » Disant ces mots, l'honnête Benedict paraissait véritablement consterné.

Je ne vous ai pas dit le nom de notre jeune homme : il s'appelait le comte de Rochetaillé. Il avait un beau nom pour un nom de province! c'était un charmant jeune homme de vingt ans, qui appartenait tout entier, corps et âme, à cette douce oisiveté de vingt ans, que la jeunesse appelle ses passions. Il avait quitté le château paternel, moins encore pour voyager que pour chercher des aventures, et depuis tantôt six mois qu'il était en marche, il n'avait pas rencontré l'ombre d'une aventure. Quand donc il entendit tout ce mouvement inaccoutumé qui se faisait autour de lui, et qu'il vit toute cette maison déserte se remplir, il comprit que quelque chose d'extraordinaire lui allait arriver enfin. Aussi le malheureux Benedict fut-il très-mal reçu de notre jeune homme quand il vint, pâle d'effroi, lui proposer de quitter cette maison, à l'instant même où cette maison devenait une maison extraordinaire, remplie d'événements extraordinaires; cette maison qui appartenait à un être extraordinaire et qui allait venir.

« Seigneur Benedict, répondit le jeune comte au malheureux concierge qui se tordait les mains, j'en suis bien fâché pour vous, mais ce que vous demandez est impossible. Il ferait le plus beau temps du monde, votre beau ciel vénitien serait aussi bleu qu'il est noir à l'heure qu'il est, le vent qui souffle deviendrait zéphyr, au lieu d'être un vent de bise ; au lieu de ce tourbillon de poussière que je vois là-bas, ce serait un tourbillon de fleurs, que pour tout au monde je ne quitterais pas la place. La maison est à moi ; je l'ai louée pour six semaines, n'est-ce pas ? C'est vous qui l'avez voulu. Six semaines ! je ne vous demandais que quinze jours. Ainsi donc j'y resterai six semaines, tout autant. Cependant, quoique la maison soit à moi tout entière, je veux être plus hospitalier que vous ne l'êtes vous-même. Par le temps qu'il fait, on ne mettrait pas un espion à la porte. Ainsi, puisque votre noble maîtresse est assez malavisée pour venir vous surprendre à l'improviste, honnête Benedict, je serai moins cruel pour elle que vous-même vous voulez l'être pour moi. Je partagerai avec elle cette maison, qui est la mienne, jusqu'à la fin de mon contrat avec vous, qui êtes le chargé d'affaires de cette noble dame, et je tâcherai de lui en faire les honneurs de mon mieux. »

Ainsi parla le comte de Rochetaillé à Benedict. Il avait la parole si assurée que Benedict comprit tout de suite qu'il n'y avait rien à espérer d'un pareil homme. « Au moins, seigneur, dit Benedict, les mains jointes, s'il plaisait à votre excellence de choisir un autre appartement dans cette maison ! Votre seigneurie habite justement la chambre de ma maîtresse, et vous ne voudrez pas lui faire ce chagrin-là, seigneur ! »

Mais le comte ne daigna pas répondre à Benedict. Il était trop occupé déjà, épiant du regard les nombreux préparatifs qui se faisaient devant lui dans la chambre qu'il habitait. Comme Benedict parlait encore, plusieurs valets de pied étaient entrés dans la chambre du comte, et, sans paraître l'apercevoir, ils disposaient toutes choses pour leur maîtresse. Le comte les laissa faire. Étendu dans un grand fauteuil, au coin du feu, il rendit aux nouveaux arrivants indifférence pour indifférence. Peu d'instants suffirent aux domestiques de madame pour changer entièrement cette chambre, qui d'abord ressemblait, à s'y méprendre, à la chambre à coucher de quelque somptueuse hôtellerie. Le tapis de pied, sale et usé, fut remplacé par un magnifique tapis aux mille couleurs variées; les vieux meubles, qu'enveloppait une serge noire, débarrassés de ce triste linceul, laissèrent éclater tout à coup le velours et la dorure, vieux velours tout neuf, vieille dorure tout éclatante, et sculptée à jour. En même temps, d'autres valets apportèrent, dans cette chambre déjà magnifique, les mille petits meubles précieux à l'usage d'une belle femme. Des vases de la Chine, des tables de vieux laque, des corbeilles magnifiques, des candélabres d'or chargés de bougies, ces mille délicieuses chiffonneries à l'usage des élégantes petites-maîtresses de tous les temps. Surtout, ce qui frappa d'étonnement notre gentilhomme, ce fut une magnifique toilette de marbre et d'or, que deux esclaves noirs eurent grand'peine à traîner dans un coin de la chambre. A coup sûr, c'était la toilette d'une reine. L'or, le cristal, les corallines précieuses, la recherche la plus infatigable, éclataient de toutes parts. Quand ce meuble fut disposé, une jeune et habile servante le couvrit des essences les plus précieuses. On eût dit que tout l'Orient s'était donné rendez-vous dans ces riches flacons. Que cette femme-là doit être belle! se dit à lui-même Rochetaillé. Et, plus il voyait d'étranges choses, plus il se tenait immobile et muet dans son coin.

Il avait été si occupé à regarder tous ces changements, et surtout son attention avait été si fort excitée par les mille détails de cette toilette d'or, qu'il n'avait pas remarqué que les rideaux de la fenêtre, sales guenilles de coton jaunies par le temps, avaient été remplacés par de magnifiques rideaux de soie, comme aussi la vieille tenture de l'appartement avait cédé la place à un magnifique velours parsemé d'or. La métamorphose du lit n'avait pas été moins rapide ni moins complète. Que de broderies! que de fines dentelles! que de riches armoiries! On eût dit un autel élevé tout d'un coup par quelque génie à quelque déesse de l'antiquité profane.

A peine la nouvelle tenture fut-elle posée que

d'autres domestiques apportèrent plusieurs tableaux précieux : de molles et voluptueuses peintures, têtes d'anges, têtes de vierges, têtes de nymphes; le plus charmant pêle-mêle de l'amour chrétien et du profane amour; sans compter un Christ magnifique trouvé dans l'ivoire par quelque artiste de Florence; sans compter les plus beaux marbres, les plus riches porcelaines, les plus magnifiques vases d'argent; sans compter la magnifique pendule qui chantait les heures; sans compter les glaces portatives; sans compter les épais coussins; sans compter tout ce luxe grand et petit, noble et frivole, enfin ce luxe à part, ce luxe de quelques heureux des siècles, ce luxe qui est le luxe des rois, ou plutôt qui était le luxe des rois, luxe de la plus belle époque du luxe, le XVIe siècle, le siècle de François Ier.

Je vous laisse à penser si le jeune comte de Rochetaillé fut ébloui à l'aspect de ces magnificences qu'il n'avait vues encore nulle part, pas même dans les *Mille et une Nuits,* cet idéal de l'Orient! Notre jeune homme, qui se croyait riche, n'avait jamais pourtant rien vu de si riche, même dans ses rêves. Ce qui ajoutait encore à sa stupeur, c'était la rapidité incroyable de tous ces changements, c'était l'arrivée spontanée de toutes ces merveilles qui venaient se poser là en même temps et à la fois chacune à sa place et sans confusion, comme si elles en avaient reçu l'ordre de quelque fée. Ce qui l'étonnait encore, c'était surtout le zèle et le silence des serviteurs empressés qui avaient envahi cette maison tout d'un coup, et qui l'avaient métamorphosée ainsi en un clin d'œil.

Voilà ce qui se passait dans cette chambre à coucher; dans les autres parties de la maison, la même révolution s'opérait presque avec le même silence. Les marches des escaliers se couvraient de tapis et de fleurs; tous les vieux lits se couvraient de duvet et de linge plus fin que la soie; les cuisiniers, si longtemps oisifs, allumaient leurs fourneaux, les caves se remplissaient de vins exquis; toute la maison se remplissait de richesses, d'éclat, de propreté, d'élégance. Bientôt le sombre monument fut illuminé de haut en bas, et l'éclat de mille bougies replongea sur la place Saint-Marc. Ceci dura à peine trois heures. Au bout de trois heures, tout était prêt entièrement : la maitresse de ce riche palais pouvait venir.

Le comte de Rochetaillé restait toujours muet à toutes ces merveilles. Nul ne lui avait adressé la parole au milieu de tous ces préparatifs. Il était si près de la cheminée, qu'on ne l'avait même pas dérangé pour poser le tapis de la chambre. Un esclave respectueux avait attendu qu'il se levât, pour remplacer par un petit sofa oriental le vieux fauteuil sur lequel il était assis, puis le vieux fauteuil avait disparu comme les autres. Rochetaillé croyait à présent que la chambre où il se trouvait était complète, et il ne s'imaginait pas qu'on y pût rien ajouter. Cependant à chaque instant de nouveaux domestiques entraient, apportant de nouvelles richesses qui trouvaient leur place à côté de toutes ces richesses. L'un d'eux surtout, un homme âgé, qui portait un habit de velours noir et sur sa toque une plume noire, se présenta tenant à la main un portrait de femme et une épée. Le vieillard déposa l'épée sur le marbre de la toilette, puis après il chercha vainement une place pour le portrait, il déposa ce portrait sur une console dorée qui était en face du comte. Le vieillard sortit. Un autre domestique entra ; il alluma toutes les bougies de la chambre, les candélabres, les flambeaux ; un autre domestique vint jeter du bois dans le feu, puis sur un petit réchaud d'argent il fit brûler quelques morceaux de bois de sandal, après quoi il sortit comme les autres, et la lourde portière de damas retomba sur lui.

« Par le Ciel ! se disait le comte, voilà qui est

étrange. Une reine n'aurait pas un plus riche attirail. C'est peut-être une reine, en effet, mais quelle reine? » En même temps ses regards s'arrêtèrent sur ce portrait de femme qui semblait lui sourire et l'appeler du regard. C'était une merveilleuse peinture. Une tête italienne dans tout son éclat et dans toute sa beauté : l'œil italien tout noir, les cheveux italiens tout noirs, la peau italienne de cette belle pâleur de l'ambre sous laquelle le sang éclate comme le feu sous la cendre; et dans le sourire tant d'amour, et dans le regard tant de fierté, et des mains si blanches, et des doigts si effilés, et tout cela si jeune! Rochetaillé oublia à la vue de ce tableau toutes les magnificences qui l'entouraient. Il admira, mais comme le peintre admire. Sa position durerait encore, s'il n'eût pas été retiré de sa contemplation muette par un grand bruit qui, cette fois, venait du dehors.

Ce grand bruit, c'était cette reine si impatiemment attendue qui arrivait dans une gondole, suivie de plusieurs gondoles. Rochetaillé la vit descendre, ou plutôt il vit comme une forme humaine enveloppée dans sa mantille, et d'un saut elle fut sous le péristyle du palais, et d'un bond elle franchit l'escalier; Rochetaillé ne l'entendit pas venir. Elle était dans la chambre avant qu'il eût pu songer lui-même à la recevoir.

Elle, cependant, elle entra sans façon, et comme si elle eût été seule, dans cette chambre où se tenait le jeune comte. Celui-ci commençait à se trouver fort embarrassé de son inaction. Être compté pour si peu de chose, lui, ce beau jeune homme, avide et curieux de tout voir, par cette belle personne, cela lui paraissait au moins étrange! Cependant, après un premier instant d'embarras, il résolut de garder tout l'avantage de sa position et de ne pas en avoir le démenti.

Il resta donc assis à sa place, comme l'Italienne resta assise devant la glace de sa toilette. D'abord elle prit plaisir à regarder dans la glace sa figure noble et transparente, puis bientôt elle frappa des mains, et alors entrèrent deux ou trois femmes à son service. « Allons, dit-elle, il faut qu'on m'habille! » En même temps elle découvrit sa belle tête, et dans ses cheveux noirs qui s'échappèrent Rochetaillé reconnut les cheveux noirs du portrait. Bientôt ces beaux cheveux furent relevés avec beaucoup d'art. On lui apporta un bassin d'argent, dans lequel elle plongea ses belles mains et ses deux bras faits au tour. Dans un autre bassin elle plongea sa belle figure comme fait un jeune cygne qui plonge dans le cristal du lac. Une robe de velours noir couvrait encore ses blanches épaules, la robe tomba et elle fut remplacée par un élégant vêtement de satin, qui laissait la gorge et le cou à découvert. Sur son cou elle plaça un collier de perles, sur ses cheveux une couronne de roses, à ses bras des bracelets d'or, à ses oreilles des diamants qui brillaient comme des étoiles. En un mot, on eût dit, à la voir ainsi s'arranger, se parer, s'admirer, changer sa chaussure brune contre un soulier de satin, choisir ses bijoux, placer ses dentelles, couvrir et découvrir cette belle poitrine, se sourire à elle-même, charmée et contente comme une belle femme qui sait qu'elle est belle et qui se trouve plus belle que jamais, on eût dit qu'en effet elle était seule à s'admirer et à se voir. Elle allait, elle venait, elle montait, elle fredonnait ses plus doux airs, elle distribuait à ses femmes sa parure du matin, elle s'approchait de la cheminée et elle présentait au foyer ardent son pied si souple qui semblait se dilater à la douce chaleur ; elle regardait l'heure à la pendule, ou bien encore elle s'agenouillait auprès de son portrait et elle le regardait avec la complaisance d'une femme qui regarde son enfant, l'image vivante de ses quinze ans. Et comme elle regardait son portrait, Rochetaillé regardait à la fois le portrait et le modèle, et il trouvait que le peintre n'avait pas flatté cette belle personne. Mais comment aurait-il pu la faire plus belle ? se disait-il.

Cela dura une belle heure, une heure de féerie et d'enthousiasme. Rochetaillé qui, comme tous les hommes trop heureux, avait la superstition que donne le bonheur, commençait à se demander si par hasard il n'était pas invisible? Car, pour être le jouet d'un rêve, il était sûr qu'il ne rêvait pas. Son cœur battait si vite et si fort!

Il en était là, quand le majordome, entrant dans la chambre d'un air grave et sérieux, s'approcha de la dame, la salua en silence, puis tout d'un coup faisant volte-face et se retournant vers le comte de Rochetaillé : « Monseigneur est servi, » lui dit-il.

Il ne sera pas dit, pensa Rochetaillé, que je reculerai encore cette fois. En même temps il se leva et, présentant sa main à cette belle dame, qui le regardait enfin :

« Madame, lui dit-il, ferez-vous tant d'honneur à un étranger, que de partager avec lui son modeste repas comme vous partagez sa maison ? »

La dame prit sérieusement la main de l'étranger.

Rochetaillé donna donc la main à cette belle dame, dont il était l'hôte, et il lui fit de son mieux les honneurs de ce riche palais qui lui avait si peu coûté. La dame, de son côté, parut sensible à toutes ces politesses : elle prit place à table dans un grand fauteuil de cuir noir, qui encadrait merveilleusement toutes ces resplendissantes beautés. Le repas répondait à tout cet appareil : les mets les plus exquis et les vins les plus vieux furent versés et servis tour à tour. Notre gentilhomme, qui était entré tout à fait dans son rôle, pria la dame de l'excuser s'il ne l'avait pas mieux reçue. « Mais, lui disait-il, votre visite était si peu espérée! nous avons eu si peu de temps pour nos préparatifs! qu'en vérité, Madame, vous me voyez bien honteux. »

A peine le repas était-il achevé qu'on vint avertir les deux convives que la gondole les attendait, et que l'opéra de Métastase allait commencer.

« Métastase! Métastase! s'écria la jolie dame; vite, de l'eau sur mes mains! » En même temps elle tendait à l'aiguière d'or ses deux petites mains blanches avec une grâce enfantine, et, pendant qu'une jeune servante versait sur les mains de sa maîtresse une eau tiède et parfumée : « Métastase! Métastase! disait la dame! l'abbé Métastase! c'est lui qui nous a donné notre théâtre, Monsieur! Il est notre Eschyle, il est notre Sophocle, il est notre Euripide, Monsieur! c'est lui qui a fait la *Didon*, Monsieur, *Didone abbandonnata!* Métastase, que Charles VI a appelé *Poeta Cæsaru;* Métastase, la gloire de ce siècle, le poëte du cœur, le Sophocle italien, Monsieur, vite, vite, ma gondole; vite, votre main, seigneur. » Et en même temps la jeune femme tendait sa main humide encore à son jeune convive, et elle l'entraînait dans sa gondole, en répétant : « Métastase ! Métastase ! »

Ils arrivèrent au théâtre en trois coups de rame. Rochetaillé croyait que son rêve recommençait. Toute cette grande salle vénitienne était remplie jusqu'aux combles. Quatre mille personnes, les plus belles et les plus riches, les plus puissantes et les plus nobles, attendaient en ces lieux leur belle heure d'enthousiasme et de plaisir : c'était le plus magnifique pêle-mêle qui se pût voir. Nobles, prêtres, soldats, étrangers, grands artistes, filles de joie, si belles et si nues qu'on les eût prises pour la vertu ; tout Venise s'était donné rendez-vous au théâtre : les espions eux-mêmes se faisaient hommes dans cette vaste et magnifique enceinte. Une seule loge était restée vide, et naturellement tous les regards étaient tournés vers cette loge, et dans la plus grande impatience. La loge s'ouvrit ; Rochetaillé se plaça sur le devant, à côté d'elle ! à côté d'elle ! Alors elle ôta son masque, et à peine ce masque fut-il tombé que ce furent de toutes parts, dans la salle, mille clameurs à faire crouler les murs. On criait, on applaudissait, on la saluait, on lui disait : « Viva! viva! » Il y en avait qui pleuraient à la revoir. C'est elle! c'est elle! Figurez-vous ces quatre mille personnes, battant des mains à outrance. Un nom courut de bouche en bouche, de cœur en cœur; le frisson fut universel : Gabrielli! Gabrielli! On se levait pour la regarder, on se penchait pour la regarder; toute la salle lui envoyait mille baisers en portant sa main sur son cœur : « Gabrielli! Gabrielli! » Elle, cependant, elle avait pour tous un geste, un regard, une larme, une émotion de joie; elle eût voulu que Venise n'eût qu'une seule tête pour l'embrasser d'un seul coup. On criait toujours : « Gabrielli! Gabrielli! Gabrielli! »

Heureusement la toile se leva. Aussitôt le plus grand silence tomba sur ce grand bruit. Ce jour-là c'était la Romanina qui jouait la *Didone*. En l'absence de Gabrielli, Romanina était la reine de Venise et de Métastase. C'était aussi une admirable Italienne qui avait toutes les passions de l'Italie. D'abord, entendant la foule applaudir, Romanina, heureuse et fière, avait pensé que ces applaudissements furibonds s'adressaient à elle; mais que devint-elle, grand Dieu! quand la toile fut levée, et quand, avec le regard d'une rivale, elle découvrit dans sa loge, heureuse, triomphante, adorée, sa rivale Gabrielli? Gabrielli elle-même, qu'elle croyait pour longtemps encore, pour toujours peut-être, à la cour de l'impératrice Catherine II, dans le palais de l'Ermitage? Gabrielli plus jeune et plus belle que jamais? A cette vue, Romanina voulut, mais en vain, accomplir sa noble tâche; elle pâlit, ses genoux fléchirent sous elle, la voix lui manqua : elle tomba évanouie dans les bras de l'*Anna soror;* et cet ingrat public, ce public qui l'adorait hier, sans s'inquiéter de ce malaise, se tournant vers la loge de Gabrielli, se mit à battre des mains de nouveau, et à crier à faire peur au tonnerre : « Gabrielli ! Gabrielli ! Gabrielli ! »

Gabrielli alors, pendant qu'on emportait la Romanina évanouie, se pencha vers le parterre, et de sa douce voix et en tendant ses petites mains, elle s'écria : « J'y vais, j'y vais, seigneurs ! » Puis elle disparut tout d'un coup. Rochetaillé tourna la tête, il était seul dans cette loge, Gabrielli s'était éclipsée par une petite porte qui menait de la loge au théâtre. Tout d'un coup la toile se relève, voici Didon qui reparaît sur le théâtre, mais une nouvelle Didon plus belle que la première. C'est elle, c'est Gabrielli ! Quel regard ! quelle belle tête ! quelle voix ! quelle passion ! Cette fois l'admiration fut muette et silencience. Chacun retenait son souffle, son esprit, son cœur, sa joie, ses transports. Gabrielli était bien en effet la noble et belle reine de Carthage! C'était elle; elle dominait la foule de toute la hauteur de sa passion; elle commandait même à l'admiration, même à l'enthousiasme de ces Italiens qui n'ont jamais su contenir ni leur admiration, ni leur enthousiasme. Qu'elle était grande ainsi! Tout le théâtre de Saint-Benoît était dans le ciel. A peine eut-elle paru que Pacchiaroti, qui jouait ce soir pour la première fois, s'écria plein d'effroi: *Malheureux que je suis: c'est un prodige! Povero me! Povero me!* Vous décrire cependant l'étonnement, l'admiration, l'ivresse de Rochetaillé, à la vue de ce triomphe de Gabrielli, sa compagne, Gabrielli! c'est impossible. Il se demandait à lui-même à présent si c'était bien là la même femme avec laquelle il avait dîné tête à tête? comme il s'était déjà demandé, en présence de son portrait, si c'était bien la même belle personne qui avait posé pour ce portrait. Il passait ainsi d'enchantement en enchantement. A la fin, cependant, le drame commencé s'arrêta, le silence fit de nouveau place au bruit; Gabrielli, redemandée à grands cris, reparut sur le théâtre, conduite par un jeune sénateur de la maison de Bragadini. Et que de fleurs, et que de dentelles, que d'enthousiasme et quelle pluie de sonnets italiens tombèrent sur sa tête, à ses pieds, sur son cœur!

Il fallut faire évacuer la salle de Saint-Benoît par la force armée. Les soldats eux-mêmes s'arrêtaient pour applaudir. Quant à Rochetaillé, il était encore dans sa loge quand, la petite porte du théâtre s'ouvrant de nouveau, une jeune fille du théâtre, Cattarina, les joues encore chargées de rouge et dans son attirail de jeune Romaine, vint lui dire de la suivre, que la signora Gabrielli le demandait. En même temps, la jolie fille marchait devant Rochetaillé, relevant gracieusement sa toge bordée de pourpre, dont les longs plis flottants faisaient ressortir merveilleusement la blancheur de ses fraîches épaules.

Gabrielli était dans sa loge, entourée déjà de toute l'aristocratie vénitienne. Venise, en ce temps-là, s'en allait chaque jour au néant par un sentier de fêtes, de voluptés et de plaisirs. Venise s'était faite française tant qu'elle avait pu, et elle ne se doutait guère qu'un jour elle deviendrait autrichienne. Le XVIIIe siècle l'avait saisie corps et âme, et elle obéissait en esclave à ces voluptés venues d'une si belle cour. Au milieu de tous ces galants seigneurs, jeunes et vieux, Gabrielli avait redoublé d'orgueil. Elle se servait de cette foule d'admirateurs comme elle se serait servie d'une femme de chambre : celui-ci lui présentait ses dentelles de la nuit, celui-là tendait la

main pour recevoir son collier de perles ; il y en
avait qui se disputaient à qui remettrait à ses pieds
ses petites pantoufles d'or et de soie ; d'autres murmuraient doucement à ses oreilles de douces et
tendres paroles vénitiennes, spirituels concetti
devant lesquels Marivaux lui-même eût baissé
pavillon bien bas. Gabrielli, triomphante, heureuse, se laissait ainsi admirer, fêter, adorer.
« Magnifique Venise, disait-elle à ces jeunes
gens qui l'entouraient, il n'y a qu'une mer Adriatique, il n'y a qu'un théâtre de Saint-Benoît !
Seigneurs, seigneurs, votre pauvre Gabrielli
vous a bien pleurés, allez, au milieu des glaces
à moitié fondues et des fleurs à moitié écloses
de la Russie ! Seigneurs, seigneurs, parlez-moi
tant que vous pourrez ce soir le langage vénitien,
chantez à mes oreilles charmées cette musique
vénitienne ; depuis si longtemps je n'ai entendu
que des barbares ! » Ainsi parlait-elle ; et elle avait
la voix si tendre, le regard si doux, le geste si poli,
elle avait si fort l'air de les aimer tous de toute
son âme et de tout son cœur qu'ils furent tous
sur le point de se mettre à genoux devant elle en
s'écriant : « Nous t'adorons, Gabrielli, car, à coup
sûr, c'est toi qui as créé le ciel, la terre, la mer avec
toutes ses créatures, suave Gabrielli ! »

En même temps, c'était parmi ces jeunes gens

à qui lui ferait honneur et fête. « Viens dans mon palais, disait l'un, nous voulons tous nous enivrer ce soir à Tarente avec du vin de Chypre, Gabrielli ! — Je viens de faire bâtir une chapelle, disait l'autre, je veux te la dédier ce soir, Gabrielli ! — Gabrielli, disait un troisième, si vous m'en croyez, vous tirerez au sort, et celui que le sort désignera aura l'honneur de vous donner à souper ce soir. » Et mille bravos d'accueillir cette proposition.

Mais Gabrielli, émue jusqu'aux larmes : « Seigneurs, leur dit-elle, si vous le permettez, ce n'est pas moi qui irai chez vous, ce sera vous qui viendrez souper chez moi cette nuit ; ou plutôt, tenez, Messeigneurs, regardez ce jeune étranger (en même temps elle montrait Rochetaillé), c'est lui, s'il vous plaît, qui aura l'honneur de vous recevoir. Les dés, les instruments harmonieux, les belles personnes, les improvisateurs, les chanteurs ambulants, les masques de soie et les habits brodés et les belles courtisanes ne manquent pas chez lui. D'ailleurs, il est mon hôte, je lui appartiens. Ne vous en déplaise, il a annoncé le premier dans la ville que j'allais revenir, et, grâce à lui, j'ai trouvé mon palais rempli de luxe et de fêtes. Il sera donc aussi votre hôte pour cette nuit. Il vous invite par ma voix, seigneurs, à honorer de votre présence la fête préparée. Venez donc : la table, le vin, les dés, les instruments sonores, les poésies mélodieuses, les flambeaux, astres de la nuit, nous attendent. Ainsi donc, qui m'aime me suive! » En même temps elle se levait et tendait la main à Rochetaillé : « Venez, dit-elle, seigneur comte, donnez-moi la main comme c'est votre droit. »

Et le lendemain dans Venise, après toute une nuit de plaisirs et d'ivresse où le bal, le vin, le jeu, les chansons, les poésies, les perles de la plus belle eau, les parfums de l'Orient, les pierres précieuses, avaient joué leur rôle jusqu'au matin, toute la jeunesse de Venise ne parlait dans tout Venise que de la beauté de Gabrielli, de la munificence pleine de goût du jeune étranger français, l'opulent et beau jeune homme, le comte de Rochetaillé.

Nous disions donc que cette belle Gabrielli, l'honneur de l'Europe musicale au XVIIIe siècle, la Malibran de l'Italie, la Pasta de son temps, après avoir quitté brusquement Venise, sa patrie, avait été refaire, pour la quatrième ou la cinquième fois, sa fortune à Saint-Pétersbourg, cette Athènes improvisée dans les glaces par le génie de Catherine le Grand. Gabrielli avait dit adieu à Venise pour ne plus la revoir, disait-elle; elle avait pris congé de Métastase pour jamais, disait-elle; elle avait quitté l'Italie sans retour, disait-elle : la Russie avait déjà mérité tout son amour. Et en effet, la Russie, étonnée et charmée, avait applaudi avec des transports tout français à la voix et au génie de la grande cantatrice! Pétersbourg s'était prosterné aux pieds de l'enchanteresse; pour elle, Potemkin avait oublié un instant celle qui était doublement sa souveraine; les éclats, les fêtes, les nuits orientales de Saint-Pétersbourg, la famille impériale, cette ville moscovite qui tendait sa tête rebelle à ce joug de fleurs, tous ces triomphes si complets et si nouveaux, avaient trouvé Gabrielli ravie, enchantée : elle en avait oublié le ciel. Enthousiasme d'une heure! Un jour que, par grand hasard, le soleil s'était montré à Saint-Pétersbourg, cette folle et charmante Gabrielli avait pensé au soleil italien, et à l'instant même elle s'était mise en route; elle avait dit adieu du fond du cœur aux barbares civilisés dont elle était l'idole, et elle était revenue au pas de course, du palais impérial de l'Ermitage, à son vieil hôtel de la place Saint-Marc, où elle avait trouvé le jeune comte de Rochetaillé. Vous savez le reste. Rochetaillé eut l'esprit de prendre en riant cette bonne fortune inattendue; d'abord la dame avait voulu rire aux dépens d'un gentilhomme étranger, qui ne voulait lui céder ni sa chambre ni son lit; puis, quand elle l'eut vu de si bonne composition, il se trouva qu'elle fut séduite par l'esprit et la bonne grâce de son nouveau chevalier. Elle était si bien une femme habituée à l'imprévu !

Cependant tout Venise s'occupait du jeune comte : « Qui était-il? et d'où venait-il? » On disait partout qu'à coup sûr il fallait que ce fût un gentilhomme d'une grande discrétion et d'une immense fortune, et d'un rare bonheur. Quoi donc! cette Gabrielli, cette adorée, qu'aucune prière n'avait pu ni retenir en Italie ni arracher à Saint-Pétersbourg, ce jeune homme l'avait fait revenir à son premier signal? Et non-seulement elle était revenue, mais encore elle avait reparu sur la scène aux premiers applaudissements de cette Venise disgraciée par elle! En même temps on savait bon gré à Rochetaillé de sa discrétion et de sa retenue. Il était arrivé à Venise comme un simple voyageur; il avait dissimulé avec soin tous ses riches préparatifs; il avait dit si habilement et si discrètement à Gabrielli : « Je ne suis ici que pour toi! » Bref, dans tout Venise on ne parlait que de Gabrielli et du jeune comte de Rochetaillé. Tous les hommes entouraient la belle cantatrice, toutes les jeunes femmes voulaient obtenir un regard de cet élégant jeune homme. Les plus belles l'attiraient du regard, du cœur et de l'éventail. Les Français et les Françaises qui étaient à Venise écrivaient à Paris et à Versailles, afin qu'on pût leur dire qui était ce jeune et brillant comte de Rochetaillé.

Gabrielli cependant s'entretenait ainsi avec le jeune homme qui lui faisait de tendres déclarations d'amour : « Mon hôte, lui disait-elle avec cette voix mélodieuse, si mélodieuse qu'on eût dit qu'elle chantait toujours, prenez garde de me trop aimer, car je ne puis vous aimer encore que huit jours. Je ne suis pas venue ici pour vous, seigneur, quoi qu'en dise toute la ville; je suis venue ici pour mon poëte favori, pour mon très-sage et très-grand Métastase ; vous voyez donc que je suis honnête et loyale; je vous avertis quand il en est encore temps, ne m'aimez pas trop, seigneur. Je vous ai trouvé chez moi par la faute de mon serviteur de confiance, et je vous garde par vanité et par faiblesse; mais encore une fois, il ne faut pas trop m'aimer, seigneur. Vous, cependant, profitez de mon ombre pour vous mettre en relief. Vous êtes jeune et beau; les femmes et les hommes le sauront bien vite, vous voyant à mes côtés. Ce que vous auriez fait à peine en deux années de soucis et de fatigues, vous le ferez en quinze jours, quand Venise verra l'heureuse et fière Gabrielli suspendue à votre bras. Vous cependant, servez-moi comme je veux vous servir moi-même. Rendez-moi mon poëte fugitif, et je vous donne Venise la Belle tout entière. Allons, du courage, ne me regardez pas ainsi ; votre amour pour moi vous est venu par surprise, il s'en ira par une autre surprise. Tenez, voulez-vous être loyal à votre tour : je parie qu'avant de m'avoir vue votre cœur était occupé ailleurs? »

Alors Rochetaillé, qui venait de comprendre au premier mot qu'il n'y avait pas de place pour lui dans le cœur de cette folle beauté : « En effet, lui dit-il en lui prenant la main comme on prend la main d'un ami, je vous avouerai, chère Gabrielli, qu'avant votre arrivée dans mon palais, j'étais passionnément amoureux d'une belle jeune personne de mon pays, ma voisine, mais si belle et si riche que jamais je n'oserai lui adresser mes vœux; d'ailleurs elle est si fière, plus fière que vous, Gabrielli, quand vous vous appelez la reine de Carthage! Celle pour qui je soupire, ou plutôt celle pour qui je soupirais avant de vous voir, elle s'appelle la marquise du Caure; elle est la veuve d'un amiral de mon pays; elle a été à Versailles, et le roi Louis XV lui a donné la main pour la faire monter dans les carrosses de la cour. C'est en outre une dame de beaucoup de vanité et de vertu.

« Mais à présent que je vous ai vue, à présent que j'ai été votre chevalier et votre hôte, Gabrielli, à présent que Venise tout entière vous a donnée à moi et moi à vous, voyez ce qui m'arrive, Madame ! Voici que maintenant vous me dites : Va-t'en ! il n'y a rien ici pour toi ! il n'y a rien pour toi que de doux regards, de tendres soupirs, tout le bonheur apparent de l'amour, et puis rien ! Cependant celle que j'aimais avant de vous voir, celle que j'osais aborder à peine, saluer à peine, cette fière et orgueilleuse marquise que je suivais de loin par toute l'Italie, que va-t-elle penser de moi ? Moi votre amant ! moi votre hôte ! moi qui vous donne les plus belles fêtes du monde vénitien ! elle ne voudra plus ni me voir, ni me reconnaître, et encore voudra-t-elle jamais entendre parler de mon amour. O Madame, vous voyez dans quel abîme, grâce à vous, je suis tombé. »

Gabrielli, qui l'écoutait en souriant : « Ce n'est que cela ? lui dit-elle. Quoi ! vous êtes si novice ! vous verrez qu'au lieu de vous nuire auprès de celle que vous aimez, une belle femme d'esprit et de renommée, tout à vous, ne peut, au contraire, que vous faire aimer en prouvant que vous êtes aimable.

« Vous n'êtes pas galant, mon gentilhomme,

et surtout vous n'êtes pas habile! Laissez-moi faire, laissez-vous conduire, je veux avant peu que cette si belle marquise du Caure, non-seulement elle vous aime, mais encore qu'elle soit fière d'obtenir un de vos regards. Mais, je vous le répète, il faut vous laisser conduire par moi et m'obéir en toutes choses. Oui, c'est cela, je veux vous servir comme je veux que vous me serviez à votre tour. J'avais donc bien raison de vous dire que vous étiez amoureux autre part. Ainsi, voilà qui est bien convenu, vous m'adorez plus que jamais; plus que jamais vous m'entourez de soins et de prévenances. Il faut me combler de présents: voici des diamants et des perles; il faut me donner les fêtes les plus magnifiques et les plus galantes; ordonnez! Il faut qu'on ne parle que de vos profusions et de vos adorations de tout genre; il faut que vous soyez toujours avec moi, près de moi, à mes côtés, me souriant, m'écoutant, me regardant, me disant des regards : « Tu es la plus « belle des plus belles, Gabrielli! » Et moi je ferai parler mes yeux comme vous les vôtres. Oh! c'est cela! c'est cela! Comme nous relevons notre valeur personnelle l'un et l'autre! comme notre passion mutuelle va éveiller d'inquiétudes, de terreurs, de jalousies et de désespoir sur notre chemin! que de soupirs étouffés! que de larmes réprimées! Nous allons donc à Venise. Dans un mois, dans un mois, il faut que mon poëte soit à mes pieds de nouveau, humilié, repentant, amoureux; il faut que ma digne rivale, la Romanina, soit mise à la porte de Métastase comme elle a été mise hors du théâtre; il faut aussi que votre fière marquise se mette à vous suivre; il faut qu'elle pâlisse et que son front se couvre tour à tour d'une vive rougeur et d'une sueur glacée quand par hasard vous tournerez les yeux du côté où elle sera cachée pour vous voir. Voilà notre œuvre. Allons donc! de l'amour, et faisons-nous beaux, vous et moi, et laissons de côté tout futile propos de galanterie et d'amour! »

Puis elle reprit : « Au fait, vous ne savez pas encore mon histoire; vous ne savez pas qui je suis. Je suis pour vous une belle femme de talent et tout au plus; voici que vous êtes amoureux de moi parce que je suis tombée tout à coup auprès de vous et sans crier gare! Allons, prenez place, mettez-vous à l'aise avec moi à présent que vous n'avez plus d'amour pour moi, ni moi pour vous! Quand vous avez entendu mon nom et que vous avez vu ma gaieté, dites-moi, qu'avez-vous pensé?

— J'ai pensé, lui répondit Rochetaillé, que vous étiez quelque belle arrière-petite-fille de ce poëte, de ce savant et sévère Gabrielli qui condamna Pétrarque à l'exil, et je me disais : « Il faut bien « qu'elle expie par sa beauté, par sa jeunesse et « par ses amours la sévérité de son aïeul. »

— Eh bien ! eh bien ! seigneur comte, je suis en effet de cette savante et sévère maison Gabrielli ; nous avons eu un cardinal dans notre famille, Jean-Marie Gabrielli, le même homme d'esprit qui a défendu votre Fénelon contre votre sévère Bossuet, qui voulait mettre des bornes *à l'amour de Dieu*. Ainsi, pardonnez au Gabrielli qui a exilé le poëte amoureux Pétrarque, en faveur du cardinal Gabrielli qui a défendu le poëte amoureux Fénelon !.

« Je suis donc de cette noble maison, seigneur, mais je ne suis pas née tout à fait dans le plus bel endroit de la maison. Je suis venue au monde à la douce lueur du fourneau domestique. Enfant, je chantais déjà les plus beaux airs. Un jour que j'avais entendu une ariette de Galuppi, je revins chez mon père en chantant le nouvel air, mais si doucement et avec tant de belle voix que tout à coup le prince notre maître, qui passait dans ses jardins, s'arrêta pour m'entendre. Après m'avoir entendue, il m'applaudit. Quand il m'eut applaudie, il voulut me voir, et il vit en effet une petite fille de quatorze ans, jolie, déliée, svelte, un peu louche, mais louche comme la Vénus de Médicis ; toutes les belles statues de la Grèce sont louches, ainsi me l'a dit Métastase. Aussitôt voilà ce prince qui s'écrie : « Quelle voix ! et quelle jolie personne ! « Il ne faut pas que tout ce trésor soit perdu, mon « enfant ! » Bref, me voilà devenue virtuose. Les plus grands maîtres d'Italie, Garcia et Porpora, deux habiles chanteurs, m'apprirent les secrets de l'art, les premiers secrets que j'avais devinés déjà, si bien qu'à seize ans je chantais pour la première fois en public, dans ce même opéra de Galuppi, la même ariette qui avait commencé ma fortune. Cher Galuppi ! Et puis vint, pour moi, la *Didone* de Métastase. Cher et beau Métastase ! Et, tout d'un coup, il se trouva que le nom de la belle petite cuisinière Gabrielli (*Cocetta di Gabrielli !*) fut aussi illustre et celle-ci non moins fêtée que si elle eût été en effet la princesse Gabrielli !

« Ainsi commença mon excellence, seigneur ; ma fortune date de cet air de la *Didone* : *Son regina e sono amante !* Je fus entendue de Venise jusqu'à la cour d'Autriche ; l'empereur m'appela. C'était l'empereur François Ier, un grand prince, un ami de Métastase ! O quelle fête pour moi de charmer tous ces Allemands et d'en faire des Italiens enthousiastes et passionnés ! O quelle fête de se voir adorée à la fois ici et là-bas, applaudie

ici et là-bas! Quelle fête! Tous ces grands seigneurs prosternés à mes pieds, implorant un sourire, et moi leur préférant un poëte! Et quel poëte? Métastase! Ils m'aimaient tous, ils m'entouraient, ils criaient : *Viva! viva!* Moi, j'étais insolente et fière; j'avais la suite d'une reine. J'avais deux amants, et deux nobles amants : l'ambassadeur de France et l'ambassadeur de Portugal; l'un galant, plein d'esprit et d'ironie; l'autre emporté, violent, riche comme un vieil Espagnol. Ils m'aimaient tous les deux, l'un avec grâce, l'autre avec rage. Un jour, le Portugais surprit le Français à mes genoux : il me frappa de son épée. Le Français tira la sienne; et, innocente que j'étais, je me jetai à demi nue entre ces deux épées qui me faisaient peur. Ces deux seigneurs s'arrêtèrent à ma voix. « Il faut nous dire qui vous
« aimez, Gabrielli, me dit le Français en souriant.
« — Il faut le dire, s'écria son rival, ou malheur
« à toi! — Seigneurs, seigneurs, leur répondis-je,
« vous allez le savoir; mais rengainez vos épées.
« J'aime Métastase! »

« En même temps mon sang coulait, ma robe de satin blanc se teignait en pourpre. Mon Portugais, épouvanté, se jeta à genoux devant moi en s'écriant : « Pardon! pardon! — Prince, lui dis-je,
« je vous pardonne, à condition que vous me ren-

« drez votre épée ! » Et tenez, seigneur comte, la voici cette épée ; elle ne me quitte guère plus qu'un flacon de ma toilette. » En même temps Gabrielli tirait la lame du fourreau, et, sur cette lame, Rochetaillé put lire ces mots en lettres d'or : *Épée sans vergogne qui a frappé Gabrielli !*

Elle reprit en riant : « Mais tenez, mon ami, il n'y a dans le monde qu'un soleil, le soleil de l'Italie ; qu'un enthousiasme, l'enthousiasme de l'Italie ! Cette ville de Vienne, où j'insultais même les épées des gentilshommes, je l'eus bien vite prise en haine, et, reprenant mon vol aux cieux paternels, je m'abattis à Palerme, comme fait le rossignol de retour des pays lointains !

« A Palerme, j'étais loin de Métastase ; j'étais libre. Et que je fus coquette, et méchante, et cruelle ! O la joie ! un jour le vice-roi, le vice-roi lui-même, m'avait prié de chanter, et j'avais promis. L'heure venue je me dis : « A quoi bon ? le « vice-roi ! qu'il attende. Je ne chante pas. » Et je m'en vais me promener sous les orangers de Naples ! Voilà le vice-roi qui s'impatiente : il appelle ; il attend ; il envoie chez moi son gentilhomme ! Soyez donc gentilhomme ! Pas de Gabrielli ! Gabrielli se promenait en chantant sur le rivage de la mer ! Le croiriez-vous ? le vice-roi m'envoya prendre de force et jeter de force en prison! En prison, moi, Gabrielli! moi! Elle-même! Pardieu! allons, c'était en effet une vieille prison, de grosses portes, des verrous, des gardes, des geôliers, tout l'attirail! Moi, je m'arrange à merveille; j'appelle à moi toutes les misères que renferment ces tristes murs; je les invite à ma table, je leur verse de mon vin, je leur partage mon linge, mes habits, mes dentelles, je suis la fête et la joie de cette prison. La prison est devenue palais! Oh! que j'étais heureuse! Ces malheureux me baisaient les mains! Ils appelaient sur ma tête les bénédictions du Ciel! J'étais leur bel ange gardien! Cependant la ville s'ameutait autour de mon cachot, on s'inquiétait, on m'appelait, on voulait me voir, on voulait m'entendre; moi je chantais les vers de Métastase aux pauvres prisonniers!

« Et le vice-roi? Le vice-roi éperdu, tremblant, amoureux, honteux, me suppliait de sortir de ma prison et de reprendre ma liberté, et de monter de nouveau sur mon théâtre, mon royaume; mais moi, inflexible, je répondis : « Non pas, seigneur;
« vous m'avez jetée dans cette prison : j'y suis bien,
« j'y reste. Bonjour! »

« Que vous dirai-je? Il fallut capituler avec moi, et traiter de puissance à puissance. Voici le traité passé entre Sa Seigneurie Gabrielli et S. M. le vice-roi de Naples :

« 1° Le vice-roi accorde la liberté à tous les prisonniers de la ville de Naples ;

« 2° Le vice-roi paye toutes les dettes des prisonniers de la ville de Naples ;

« 3° Le vice-roi demandera pardon à Gabrielli le même soir.

« Et je revins triomphante, adorée, sur mon théâtre, entourée de mes prisonniers et de mes pauvres dans le palais du vice-roi !

— Et j'imagine, répondit Rochetaillé à cette aimable Gabrielli, qui lui racontait sa vie passée avec l'abandon d'une femme jeune et belle qui sent que sa jeunesse et sa beauté rachètent toutes ses fautes, et j'imagine que, malgré toutes les joies de votre prison, vous n'avez guère été tentée d'y rentrer, Gabrielli?

— C'est justement là ce qui vous trompe, seigneur comte. La prison, voyez-vous, un humble endroit où l'on est seule, vaut beaucoup mieux que le palais qu'on habite avec qui vous est odieux, ou qui plus est, vous est indifférent. En prison, j'étais reine et maîtresse; dans le palais du duc de Parme j'étais une pauvre esclave obligée de sourire et d'être heureuse. Non, par le Ciel ! je n'étais pas née pour cette infâme servitude. Aussi, quand je me revis rendue à cette triste liberté, je me sentis saisie d'un grand désir de retourner en prison. Je regrettais le bruit des verrous comme on regrette les sons de la douce musique ou de la langue maternelle. Donc, un jour que j'étais plongée dans mes plus vifs regrets, l'infant don Philippe de Parme, qui était mon mentor alors, et quel mentor! et quel triste geôlier! et quel ennui royal! ce grand prince voulut me forcer à sourire; je m'écriai tout haut : *Au diable le bossu! Gobbo maladetto!* Vous voyez, seigneur, que j'en usais sans façon avec les puissances de la terre; pardonnez-moi donc d'en user avec vous sans façon.

« Pour cette fois encore je fus envoyée *aux Carrières*. Six mois de prison, seigneur, parce qu'on m'avait surprise à être triste! Six mois de prison, parce que S. M. le prince de Parme était jaloux! Et cette fois, dans cette prison nouvelle, j'y étais seule, sans un pauvre à secourir, sans un prisonnier à consoler! Bien plus, par un raffinement incroyable de cruauté, on avait fait de la prison un palais pour moi! On avait couvert les murs humides de tentures magnifiques, pour moi! La prison était resplendissante d'or et de lumières, pour moi! Quel ennui! Enfin, un jour que mon geôlier avait été me chercher une robe nouvelle, je m'échappai, je pris la fuite ; et alors où aller ? L'Italie m'était fermée ! Je suivis tout droit mon chemin. Plus je marchais et plus le soleil devenait terne et froid. Je marchai ainsi longtemps dans les neiges, dans les glaces, car Dieu sait par quels chemins et sur quelles routes ! Cependant j'allais toujours, car on m'avait dit qu'au milieu de ces frimas je trouverais une autre cité vénitienne, un autre Paris, Saint-Pétersbourg, le Paris de la grande Catherine ! J'y arrive. A peine arrivée, je me présente au palais de l'impératrice, on m'annonce : « Gabrielli ! » O seigneur ! ce nom italien de Gabrielli était comme un coup de tonnerre ! Il y avait des Kalmouks qui savaient le nom de Gabrielli ! Voilà la gloire ! On envoie au-devant de moi ; on m'introduit devant l'impératrice, celle qui soumettait des peuples, qui gagnait des batailles ! Figurez-vous une petite femme, si modestement habillée que j'eus honte de ma parure. L'œil vif et fin, le sourire tendre et fier, le front haut, la taille bien prise, et quelles mains ! On dit que j'ai les mains belles, fi donc ! Il fallait les voir les petites mains de cette grande impératrice, ces mains qui portent l'épée et le sceptre avec le même courage ; elle me les tendit avec autant de grâce, et moi, je les embrassai avec autant d'ardeur que si je me fusse appelée le prince Potemkin !

« Ma mignonne, me dit-elle, soyez la bien-
« venue, comme une hirondelle des pays lointains
« qui se serait abattue sur les orangers de l'Hermi-
« tage. Vous verrez, j'espère, que nous ne sommes
« pas si sauvages qu'on vous l'a pu dire. Nous avons
« ici fêtes et bals, et concerts tous les jours. J'ai fait
« venir de France des poëtes, des philosophes, des
« danseurs, des hommes d'État, des pêches velou-
« tées et des grands seigneurs. Vous serez la plus
« belle fleur de notre couronne poétique. Ainsi
« donc, préparez votre voix, votre âme et votre
« cœur, voulez-vous? »

« Puis se tournant vers un jeune capitaine qui paraissait lui parler de fort près, elle lui dit :

« Que ferons-nous pour cette belle voix qui
« vient de Naples tout exprès pour nous? Ou
« plutôt, me dit-elle, parle, mon enfant : que
« veux-tu?

« — Madame, lui dis-je, est-ce donc trop de vingt
« mille roubles? Je suis une pauvre Italienne qui
« sort de prison, et je prévois que j'aurai besoin de
« chaudes fourrures cet hiver. »

« Au mot : *vingt mille roubles!* le sourcil de Sa Majesté éprouva comme un léger frisson, sa joue pâlit, et un éclair passa dans son regard. J'eus peur; je regrettai mes paroles, mais j'étais femme, et pour tout au monde je n'aurais pas reculé devant ce bel officier qui me regardait avec tant d'intérêt.

« Vingt mille roubles! dit Catherine. Y pensez-
« vous, Madame? Pour vingt mille roubles, j'aurai
« deux feld-maréchaux.

« — En ce cas, Votre Majesté fera chanter ses
« feld-maréchaux, répondis-je de l'air le plus déli-
« béré. »

« En ce moment je me vis placée entre la Sibérie et le palais de l'Hermitage. Ma fortune me sauva !

« Te voilà bien hardie, petite ! me dit la reine ;
« va pour deux feld-maréchaux !

« — Sans compter les autres, » ajouta le petit capitaine, en se penchant à l'oreille de Sa Majesté, qui sourit doucement.

« Vous dirai-je toute ma gloire impériale? Mais, non : c'est toujours le même récit. Italiens ou Russes, policés ou barbares, qu'importe? la musique est la langue universelle. Pourtant, voyez-vous, la gloire est une fumée qui passe bien vite. J'aurais pu être une reine là-bas, j'aime mieux être une humble artiste en Italie. Je suis donc revenue à vol d'oiseau en Italie, et à peine sur son sol, mon ancien amour m'est revenu au cœur. Métastase ! Métastase ! mon poëte ! Mais croyez-vous qu'il revienne en effet, Métastase? »

Tel fut le récit de cette grande cantatrice, Gabrielli, l'honneur de l'Italie musicale au XVIII⁰ siècle. Si nous avons rapporté cette histoire avec tant de détails, c'est qu'à notre sens Gabrielli représente à merveille l'existence de l'artiste à cette époque. Elle en a toute la naïveté, tout l'abandon, toutes les passions, bonnes et mauvaises : femme d'esprit, mais d'un esprit futile; femme de cœur, mais d'un cœur changeant; honnête dans ses amitiés, emportée dans ses amours, dépensant sa vie et son argent comme si l'une ne valait pas plus que l'autre; partie de très-bas, mais ayant apporté en ce monde le tact exquis des plus grands seigneurs; plus fière de son talent que de sa beauté; humiliant à outrance les grands seigneurs qui passaient sous son joug : arrachant à celui-ci son épée, à cet autre sa toison d'or; reprochant à un roi ses difformités physiques, et l'appelant bossu en pleine cour. On a beaucoup dit et beaucoup répété que c'étaient les philosophes qui, les premiers, avaient jeté dans le monde les idées d'égalité; ce ne sont pas les philosophes, ce sont quelques femmes de cœur et de courage appuyées sur leur beauté, sur leurs grâces et sur leur esprit. Telle fut l'héroïne de ce très-véridique récit : Gabrielli.

Quand elle se fut bien mise à l'aise avec le

jeune Rochetaillé, son confident; quand elle lui eut bien prouvé qu'elle ne voulait être que son amie, Rochetaillé, fidèle à ses instructions, se mit à l'aimer avec fureur en public. Elle, de son côté, sut lui rendre amour pour amour, aussi en public. Ils occupèrent l'un et l'autre tout Venise, pendant trois grands mois; et c'était une folie, et c'était un luxe, et c'étaient des fêtes sans pareilles. Quant à ce jeune gentilhomme français, qui était arrivé en Italie à peine suivi d'un vieux domestique de son père, grâce à cette illustre conquête dont l'Italie lui faisait honneur, il était maintenant le favori du jour, il était l'homme à la mode et le héros de mille plaisirs. Chaque jour il se liait avec les plus grands noms de la république de Venise ; les plus grandes maisons tenaient à honneur de recevoir comme un de leurs hôtes l'illustre et fastueux amant de la Gabrielli. On faisait cercle autour de lui pour le voir; on le regardait, on l'admirait; on l'écoutait, il était l'oracle de la mode et du goût dans toute l'Italie. Ce nom de Rochetaillé sonnait plus haut que le nom d'un cordon-bleu et d'un maréchal de France, dans cette ville frivole qui allait à sa perte par un sentier de roses et de plaisirs.

Le succès de Gabrielli et de son amant supposé surpassa donc toutes leurs espérances. Un jour qu'ils étaient au bal l'un et l'autre chez l'ambassadeur de France, elle, dans tout l'éclat de sa beauté, lui, dans toute la grâce de sa jeunesse, Gabrielli, tout en dansant, vit entrer dans les salons et se perdre dans la foule des courtisans le grand poëte, son amant, Métastase, qui revenait à elle enfin, rappelé qu'il était par tout ce grand bruit et toute cette vive adoration qu'elle jetait autour d'elle. En même temps, Rochetaillé, non moins heureux, se trouvait en présence de cette belle et riche veuve qui, avant son départ de France, n'avait eu pour lui ni un sourire ni un regard. Le bonheur public de ces deux amants avait été un appât habilement jeté sur leur passage. Métastase et la belle comtesse s'étaient laissé prendre à ce piége, auquel bien peu d'âmes résistent. Métastase s'était dit qu'une femme ainsi aimée et si belle, était bien digne qu'il oubliât ses inconstances; de son côté, la belle Française, voyant ce jeune homme préféré par cette belle illustre Italienne aux plus beaux, aux plus élégants et aux plus riches, s'était mise à réfléchir qu'elle avait été bien cruelle pour son compatriote; qu'elle l'avait découragé mal à propos; qu'elle n'avait pas assez vu combien il était jeune, beau, bien fait, galant, et que, si elle avait voulu pourtant, il serait maintenant à ses pieds. De réflexions tendres en réflexions sensées, la dame en vint à se demander s'il ne serait plus temps d'essayer encore sur ce jeune cœur, qui avait été à elle, le pouvoir de ses beaux yeux, et à se dire que sa gloire serait bien grande dans toute l'Italie et dans toute l'Europe si, en effet, elle pouvait ôter son amant à cette heureuse et adorée Gabrielli !

Gabrielli, qui était plus habile que Rochetaillé, comprit d'un coup d'œil toutes ces nuances ; d'un coup d'œil aussi, elle avertit son jeune compagnon. Ce coup d'œil voulait dire : « Encore un pas ! soyez aussi beau que je vais être belle ! Réussissez ce soir auprès des femmes comme je vais réussir auprès des hommes ; demain vous serez aux pieds de votre comtesse, demain mon poëte sera à mes pieds ! » Et comme l'avait dit le coup d'œil, ils se comportèrent l'un et l'autre. Jamais Gabrielli n'avait été plus séduisante, plus heureuse et plus épanouie. On l'entourait, on la regardait, on la saluait en passant. Une seule fois son regard distrait à dessein tomba sur Métastase, ce Métastase qu'elle appelait depuis deux mois de tout son cœur. Ce doux regard acheva sa conquête : Métastase fut vaincu.

Rochetaillé, de son côté, se trouva aussi, par hasard, le partenaire de cette dame qu'il aimait, et qu'il n'avait jamais vue plus belle. Il fut son danseur toute la nuit, et elle lui tendit la main avec un empressement plein de trouble et d'espoir. Elle était si tremblante! elle était si émue! Rochetaillé se hasarda enfin à lui parler de son amour. Chose étrange! elle l'écouta sans colère.

« Vous m'aimez? lui dit-elle tout bas.

— Si je vous aime!

— Et Gabrielli?

— Je n'aime que vous, répondait-il.

— Et si je vous disais : « Partez avec moi! »

— Je dirais : « Allons! »

— Mais s'il fallait partir ce soir?

— Je répondrais : « Ce soir. »

— A l'instant même?

— A l'instant! »

La conversation du jeune homme et de la jeune dame, c'était mot pour mot dans un salon voisin la conversation de Métastase et de Gabrielli.

À peine Rochetaillé put-il la rejoindre un instant pour lui dire : « Adieu! je pars; je pars avec elle!

— Je vous l'avais bien dit, répondait Gabrielli. »

Et le lendemain, dans tout Venise, on ne parlait que de la belle dame française qui avait enlevé au bal de l'ambassadeur l'amant de Gabrielli, et de Gabrielli qui avait enlevé Métastase! L'Europe fut en émoi fort longtemps de cette aventure. Pendant ce temps Rochetaillé épousa sa veuve, et la première chose qu'il acheta avec sa riche dot, ce fut un régiment pour lui, et un collier de perles pour Gabrielli.

C'est depuis ce temps-là qu'on a fait à Venise un nouveau proverbe : on dit d'un homme à grandes prétentions de magnificence ou d'esprit : Ce n'est pas la Gabrielli! ce n'est pas le diable! *Chi è ?... la Gabrielli.*

Gabrielli est morte tranquillement en 1796, pleurée de ses amis, et laissant deux millions de dettes après en avoir prodigué trois fois plus. Le comte de Rochetaillé, qui était un homme rangé et riche, mourut quelques années plus tard, en 1798, bien autrement ruiné que la Gabrielli.

Ce qui vous prouve que le talent a toujours valu la noblesse, et qu'il n'y a dans ce monde, disait souvent la Gabrielli, qu'une chose qui serve, l'imprévoyance et le plaisir.

LA RENNETIERRE

Voici une histoire que je tiens pour vraie, quoiqu'elle m'ait été racontée par un témoin oculaire, qui même n'aurait pas été fâché de passer pour un des acteurs de son histoire, et je vous la redis comme il me l'a contée, encore qu'elle ait à peu près trente ans de date. Au reste, si vous acceptez mon avis pour quelque chose, je pense que notre histoire, quel que soit son âge, est à peu près de tous les temps.

Si vous avez habité ou voyagé dans l'ancienne province du Perche, dont une partie s'appelle aujourd'hui département de l'Orne, vous avez pu voir près d'une grande route de ce département un manoir, ou, si l'on veut, un château, fort laid en vérité, qu'on nomme la Rennetierre. Vous dire au juste de quelle commune il dépend me serait fort difficile, car le village auquel il touche a près de deux lieues de long, comme plusieurs autres de ce pays, et quand j'en ai recherché le nom sur la carte départementale, j'ai été embarrassé pour lui assigner une position que mes souvenirs ne fissent pas varier. Vous m'accorderez sans doute que deux lieues de plus ou de moins sont quelque chose, surtout quand elles sont représentées sur l'échelle assez étendue d'une carte départementale par un nom qui n'occupe qu'un point presque imperceptible. Et puisque j'ai la prétention de charmer votre curiosité, c'est peut-être une bonne occasion que la description d'un pareil village, plus long que Paris, et qui ne compte pourtant pas plus d'une centaine de feux. Voici comment : en cheminant à pied, à cheval ou en voiture, vous rencontrez sur un des côtés de la route une première maison, ou plus souvent peut-être une barrière à l'entrée d'un chemin ; car, dans ce pays, les habitations paraissent se soucier fort peu de la grande route et la dédaigner très-cavalièrement. Cette barrière se compose ordinairement d'un arbre presque entier dont le tronc est supporté en travers et presque à sa base par une petite potence à hauteur d'appui. La tige de l'arbre part de ce point pour aller s'appuyer sur le poteau de l'autre côté de l'entrée, dont il complète la fermeture; puis la racine de l'arbre reste presque entière, apparemment pour servir de contre-poids, de l'autre côté de la potence de support. Quelquefois ce système de barrière est complété par des barreaux assemblés et peints fort proprement, mais l'arbre entier et son incommode contre-poids équarri ou brut, peint ou non, en forme toujours le couronnement. A chaque habitation se rattache où semble se rattacher toute la propriété qui en dépend. Verger, prairie artificielle, labour, bouquet de bois, tout s'y trouve, suivant la permission du terrain généralement mauvais; et comme l'eau n'est pas rare, même sur les pentes, il y en a toujours assez pour ceindre d'un fossé bourbeux tout le domaine.

On utilise cette disposition par des plantations d'arbres amis de l'humidité. L'orme et le chêne forment la clôture dans les parties plus sèches, et dans les terrains pierreux le genêt épineux ou l'ajonc marin y suppléent. Il faut ainsi arpenter de l'œil et des jambes toute la longueur de chaque propriété avant d'arriver au domaine suivant, qui est également enfermé et voilé d'une manière aussi jalouse par ses palissades d'arbres vivants. Quelquefois aussi vous découvrez une maison, quand le caprice ou l'intérêt du propriétaire l'a voulu. J'allais la première fois de Mortagne au

Mêle, et j'avais perdu depuis longtemps toute idée de village, quand je rencontrai tout à coup l'église, seule au bord du chemin. On monte, pour y entrer, trois marches à fleur de la chaussée. Tout en face, dans une petite île formée par les courants d'eau les plus négligés et les plus agrestes, on trouve la cabane du forgeron, qui ne manquait pas d'ouvrage quoiqu'on ne vît personne pour lui en procurer. Puis je retrouvai à de très-longs intervalles la continuation du village, sans savoir au juste où cela finissait. On pense bien que les loups sont tout à fait à leur aise dans un pareil pays. Je les ai entendus, en effet, hurler très-hautement à peu de distance de Belesme.

C'est donc sur l'étendue de terrain occupée par un de ces villages percherons que j'ai vu la Rennetierre. Assis à mi-côte, à deux cents pas de la route, ce manoir n'est autre qu'un bâtiment à deux étages, quatre fenêtres de front, tourelle pointue en forme de colombier à chaque extrémité, le tout bien noir et très-mortifié de n'avoir pas plus complétement l'air féodal. Le jardin étroit, long, mal tenu, enserre la maison entre deux murs, aussi platement, aussi bourgeoisement que dans les murailles de cartes d'un château d'enfant. La seule chose de bon air, arrachée au mauvais goût des habitants par la pente assez rapide du terrain, est une terrasse qui coupe en deux le jardin, et dans le mur de laquelle on a pratiqué une voûte où le vin et les fagots doivent être fort à leur place. J'ignore s'il s'est rencontré quelquefois des locataires qui aient jamais été illuminés par l'idée rare d'orner cette terrasse d'arbres ou tout au moins d'arbrisseaux et de fleurs; mais je n'y ai vu, lors de mon passage, rien de semblable. D'ordinaire on ne bâtit une maison que pour les habitants. A présent aussi que j'ai construit mon château tant bien que mal, parlons des habitants de la Rennetierre. C'étaient, à l'époque que j'ai dite, c'est-à-dire au commencement de ce siècle, un vieillard et une jeune fille; le vieillard, oncle et tuteur de par la loi, mais dans le fait véritable pupille de la jeune enfant. Le père de celle-ci, bon gentillâtre, avait été trouvé par la révolution de 89 officier au service du roi de France.

Peu accoutumé à combiner beaucoup d'idées, quand il avait vu le tiers état vouloir aussi devenir quelque chose, il était allé au plus court. Pour commencer, il avait émigré; après quoi, comme c'était un métier d'homme de cœur plutôt que d'homme de sens, il était revenu débarquer dans les provinces de l'Ouest, où il avait pris sa bonne part des expéditions de la Vendée et de la chouannerie ; puis après, mais seulement après qu'il eut vu tout se fondre et manquer autour de lui, il était allé mourir de misère et de chagrin sur les côtes d'Angleterre.

Son bien avait été nécessairement confisqué ; mais, à l'aide de fraudes pieuses, à l'aide de charitables crimes de faux, tolérés et même protégés par de braves autorités révolutionnaires, la famille de sa femme avait réussi à conserver à sa fille unique, Sophie de la Rennetierre, la plus grande partie de ce domaine. L'oncle maternel de celle-ci, M. de Saucé, lequel, ne se trouvant pas d'assez bonne noblesse, avait peut-être jugé le prétexte excellent pour ne pas aller finir ses jours à l'étranger, avait usé le reste de ses forces intellectuelles dans ces luttes extra-légales pour sa nièce chérie contre la terrible législation de la Convention.

Nommé tuteur de Sophie quand elle perdit sa mère, cette enfant lui imposait en tout la volonté d'après laquelle elle désirait être gouvernée. Il l'admirait et il lui obéissait. Souvent assis et tenant entre ses mains les mains de la jeune fille, debout devant ses genoux, il regardait dans une admiration muette ses yeux bleus, ses cheveux noirs, sa taille frêle ; il couvrait de baisers ses doigts frais et effilés, et il pleurait.

Pour elle, elle usait souvent de son autorité en faveur de son digne tuteur. Elle lui recommandait de se coucher de bonne heure, et il obéissait ; elle voulait qu'on remplît pour lui le caveau des vins légers et pétillants de l'Anjou, et il obéissait, quoiqu'il eût bonne volonté de faire réussir des objections qu'on n'écoutait pas. Elle seule désignait les maîtres fort rares dont elle pouvait espérer quelque instruction. Enfin, elle avait le choix de ses travaux, et surtout de ses lectures. Heureusement que la bibliothèque, héritage d'ailleurs peu considérable des générations précédentes, et complétée principalement par son grand-père à l'époque où la noblesse de province avait pris le goût des lettres, à l'imitation des courtisans de Louis XIV, et cinquante ans après eux ; heureusement, dis-je (pardonnez-moi cette longue parenthèse), que la bibliothèque ne contenait aucun de ces ouvrages du XVIIIe siècle qui auraient flétri tout d'abord l'âme de la jeune fille si elle avait pu les comprendre, et dont le plus grand avantage aurait été de lui être parfaitement inutiles. Le vicomte, son père, avait sans doute raffolé de pareilles compositions, comme l'usage le lui ordonnait dans son temps ; mais la révolution, qui l'avait surpris, ne lui avait pas permis de les rapporter de sa garnison.

Sophie avait donc à son entière disposition une collection de livres dont la majeure partie datait du grand siècle, et dans lesquels elle s'était fait un choix naturellement assez semblable à celui de don Quichotte. Il est fort croyable, en vérité, qu'une jeune fille privée de guide et de conseil préfère de beaucoup les romans, voire ceux de la Calprenède et des Scudéry sœur et frère, aux magnificences sévères de Bossuet, même aux méditations plus pratiques de La Rochefoucauld et de La Bruyère, dont personne ne lui a révélé le mérite. Les poëtes, c'est-à-dire ceux qui parlaient d'amour, étaient aussi au nombre des privilégiés qu'elle admettait à lui tenir compagnie. Le reste du temps était rempli par les soins du ménage d'abord, par des ouvrages à l'aiguille ensuite, par quelques exercices de dévotion, et enfin par l'ennui, qui de jour en jour venait tenir auprès d'elle une plus grande place, car elle avait dix-huit ans.

Les plaisirs du voisinage n'étaient ni bien vifs ni bien variés. Sophie n'avait plus qu'un petit nombre de parents éparpillés dans les provinces environnantes, et chez lesquels l'habitude de la crainte, la défiance et l'égoïsme, résultats des révolutions, avaient tué l'amabilité et les réceptions hospitalières. On s'inquiétait fort peu de l'inviter, la simple jeune fille, car elle ne pouvait offrir des amis qui obtinssent une radiation de la liste des émigrés, la mainlevée de biens non encore vendus, ou une protection auprès du premier consul, déjà bien grand, déjà bien respectable pour des gens à instinct monarchique. De voisins tels que nous les connaissons, tels qu'on a recommencé plus tard à les connaître dans le Perche, il n'y en avait pas. La noblesse, décimée par la Terreur et par l'émigration, contrainte à se transformer de toutes manières pour échapper à l'attention, était partout, excepté dans ses manoirs. La chouannerie, dont le flot était venu mourir aux limites de ce pays, n'aurait pas offert aux nobles compromis ou non, dans ces contrées, l'appui d'une force morale suffisante pour leur permettre de prendre une attitude imposante vis-à-vis de l'autorité ; son existence passée les compromettait sans les pouvoir protéger. Plusieurs générations étaient à la vérité déjà sorties de la bourgeoisie pour dépasser en talent la noblesse comme pour la remplacer en générosité ; mais tous ces pauvres du tiers état étaient dans les camps à se battre, ou occupés au centre de l'administration à moissonner réputation et fortune. Chaque province s'était donc appauvrie pour payer à l'État son tribut de génie. Sophie et probablement beaucoup d'autres femmes de cette région restaient donc seules comme les filles de ce roi grec quand tous les hommes furent allés à la guerre de Troye. Par malheur, il n'y avait pas d'Achille caché auprès de Sophie. Elle ne pouvait (et c'était son chagrin) prendre pour tel Henri de la Saussaye, bon gros jeune garçon dont le père, ami du vicomte de la Rennetierre, avait partagé les travaux et le sort de celui-ci. Orphelin comme elle et moins heureux d'abord, Henri n'avait pu rien recouvrer de la fortune de son père; mais la succession de son aïeul maternel venait de le rendre à temps propriétaire d'un manoir assez commode et des bois étendus qui l'environnaient. Habitué, dès son enfance, à visiter avec son grand-père l'oncle de Sophie, il trouvait fort naturel et même agréable de continuer à parcourir ce chemin, d'autant plus que ses excursions de chasse et l'inspection de ses ouvriers dans la campagne le conduisaient fréquemment de ce côté.

Les deux vieillards, qui se regardaient incontestablement comme les dépositaires de l'espoir d'Ilion, ne pouvaient seulement penser à transplanter ailleurs des rejetons si précieux, et l'idée de les unir n'avait jamais été l'objet d'un doute.

Sophie et Henri croissaient tous deux comme de bons amis, mais sans rien de cette tendresse mignarde et niaise par laquelle il est convenu que se révèlent les amours d'enfance.

Sophie croyait avec raison, quoiqu'elle le sût par les livres, qu'à dix-neuf ans un jeune homme devait suivre une vocation quelconque. Henri n'avait jamais pensé rien de semblable, et ne s'inquiétait nullement de ce qui arriverait; il ne savait même pas s'il devait arriver quelque chose. Son grand-père avait dirigé son éducation, qui avait été celle d'un noble homme du bon temps, sauf ce que les circonstances avaient fait manquer.

Il est vrai que ce peu qui manquait était justement l'indispensable dans cette sorte d'éducation. Son précepteur avait été un brave prêtre, tantôt déguisé, tantôt portant la tonsure, peu fort, très-fanatique, respectable d'ailleurs comme une conviction incarnée.

Il s'était bien gardé d'éveiller dans son élève le goût pour les livres autres que quelques classiques et des ouvrages de piété. Or, comme celui-ci trouvait dans les premiers un travail fort pénible, et dans les autres l'ennui, malgré la meilleure et la plus innocente volonté du monde, ces représentants de la lecture lui avaient inspiré pour tout le reste un respect tel qu'il aurait craint de profaner la bibliothèque en dérangeant la poussière qui consacrait les bonnes vieilles éditions. Il eût fallu, pour compléter ce joli commencement, y joindre les exercices de l'Académie, ou quelques campagnes sous les ordres d'un grand capitaine ami de sa famille, un siége de quatre ou cinq mois où il eût dépensé douze à quinze cents pistoles à faire figure au jeu et à régaler la jeune noblesse. Malheureusement on ne savait plus, en 1803, ce que c'était que les exercices de l'Académie. Les campagnes, le grand-père ne pensait pas qu'il pût s'en faire avant que les princes revinssent réveiller la Vendée, ce qui devait arriver bientôt; et alors le jeune la Saussaye ferait parler de lui sans avoir besoin d'apprentissage, car noblesse oblige. Eût-il d'ailleurs consenti, par miracle ou autrement, à laisser son petit-fils suivre la fortune de la France, celui-ci n'aurait trouvé à la tête des armées que des gens amis des premiers venus qui se distinguaient beaucoup. Les siéges, au lieu de se développer régulièrement et solennellement pendant quatre ou cinq mois, étaient brusqués d'une manière fort brutale, selon les circonstances, et souvent ne duraient pas plus de quatre à cinq jours. Nulle dignité, nulle tenue; il n'y avait plus lieu de se faire suivre par ses équipages, et l'on régalait beaucoup son ami, je veux dire son camarade, quand on lui procurait du pain noir et une paire de souliers.

Au surplus, Henri ne s'inquiétait de tout cela qu'autant que le faisait son grand-père, pour lequel l'histoire ne se faisait pas durant l'absence des princes. Il aurait été bien surpris, s'il n'était pas mort vers 1803, le digne homme, de voir en 1805 un maire qui se serait cru le droit d'appeler de par la loi son petit-fils sous les drapeaux d'une soi-disant France. Le temps n'était pas arrivé pour le jeune homme d'apprendre tout cela par lui-même; en attendant il vivait dans le sentiment instinctif et énergique du présent, dans toute la force de l'ignorance du lendemain, jouissant avec ravissement du sublime plaisir de la chasse, plaisir primitif comme celui de l'amour. Docile aux décisions du conseil de famille, il apprenait à diriger prudemment l'aménagement de ses bois, y faisait faire des fagots et surtout du charbon, suivant l'occurrence, suivait avec intérêt les systèmes d'assolement de ses fermiers, faisait faucher soigneusement les roseaux de ses marécages, et mettait sa plus douce occupation à voir le développement des poulains de ses prairies. Sophie, que Mlle de Scudéry, Racine et même Molière n'avaient pas habituée à considérer un héros, un prétendant, sous des rapports semblables, s'étonnait de ne pas voir arriver le moment où Henri commencerait à devenir ce qu'il devait être. Quand donc commanderait-il une compagnie? Quand appartiendrait-il à M. le prince tel ou tel? Quand soutiendrait-il, à la soirée de la duchesse, un examen curieux et piquant sur l'objet de son choix? Son oncle avait eu beaucoup de peine à lui faire comprendre ce dont lui-même comprenait très-peu le pourquoi. Elle s'était résignée à penser comme elle le pouvait que les compagnies de M. le prince et les soirées de madame étaient ajournées jusqu'à nouvel ordre; mais elle en voulait d'autant plus à Henri de ce qu'il paraissait si peu affecté d'un tel intervertissement des lois de la nature, lui destiné à servir des rois, et qui se contentait de commander à des paysans des ouvrages qui s'évaluaient en argent aux marchés de Mortagne et d'Alençon. D'ailleurs, il avait la main grosse, rouge, presque toujours calleuse, et menait trop souvent avec lui un gros vilain barbet qui n'avait d'autre mérite que de trouver beaucoup de gibier et de prendre presque toutes les poules d'eau dans les joncs qui bordaient le chemin. Les gravures jaunies qui représentaient Cyrus et les prétendants de la princesse d'Élide lui avaient toujours montré ces héros suivis de nobles lévriers. Il était fort heureux pour lui qu'elle ignorât l'existence toute nouvelle du *Journal des Modes,* car elle ne lui eût pas pardonné d'amalgamer dans sa toilette le haut-de-chausses de 1802 à l'habit de 95, le surtout du dernier siècle, avec les bottes de tous les siècles, avant le siècle des bottes à la Souwarow.

Henri avait le sentiment le plus instinctif, le plus vague, le moins raisonné, le moins compris de ce qu'il devait, selon le dire de sa famille, à la noble race dont il était issu. Il tenait d'autant plus opiniâtrément à cette obligation. C'est l'histoire de tous nos principes : on les plante à notre insu dans notre cœur ; ils étendent leurs racines dans notre sang et dans notre chair, ils grandissent et se fortifient en même temps que nous. Il ne haïssait pas l'histoire contemporaine qui ne s'était pas encore approchée de lui, qui ne lui avait pas encore commandé de la suivre ; mais il voulait y rester étranger. Il ne savait que répondre aux représentations ambitieuses de Sophie ; mais il attendait, pour changer de vie, des circonstances qu'il se représentait vaguement, une de ces situations qui vont à notre être parce que nous nous y retrouvons comme si nous y avions déjà vécu. Quand bien même cette révélation viendrait à Henri, il devait peut-être trouver des raisons pour se justifier, des occasions pour se réhabiliter aux yeux de Sophie. Pour le moment, l'existence ne lui paraissait ni un conte sans nom, ni une amère dérision. Il ne fallait pas moins que le sentiment de grandeur dont se masque un avenir mystérieusement annoncé, pour le faire convenir qu'il serait peut-être nécessaire de la déranger, cette existence. Au demeurant il était si bon qu'il supportait très-patiemment la pétulante présomption de cette faible femme qui osait avoir pour lui plus d'ambition que lui-même, et qui méprisait ses goûts les plus chers Il s'en vengeait en envoyant souvent au château le gibier le plus délicat dont il pouvait se rendre maître; puis il venait en demander joyeusement sa part.

C'étaient pour M. de Saucé, conjuré avec Henri, de délicieuses soirées que ces banquets à trois couverts, où l'on finissait, à force de bonne humeur, par faire rire Sophie après l'avoir fait pleurer. Ces jours-là se donnait le signal des petits coups de vieux vin entre le vieillard et le jeune homme; puis venaient sur l'histoire, depuis 1750, d'interminables récits que Henri, très-désintéressé à l'égard de cette époque, engagé seulement à en assurer la résurrection immanquable, ne pouvait entendre sans s'assoupir. Sophie en prenait une nouvelle occasion de s'impatienter, et M. de Saucé de recommencer à chaque autre fois.

Les jours s'écoulaient ainsi non rapides, car à cet âge heureux on ne sait pas encore combien le temps nous manque au moment où nous voulons nous en rendre maîtres; non pesants: ces enfants, qui ne connaissaient de la peine qu'un passé de tradition, qui laissaient l'imagination leur faire un avenir, qui essayaient à chaque instant une nouvelle portion de la vie, ne répudiaient encore rien de ce que chaque matin leur apportait. O la belle et poétique époque de l'existence que celle où, curieusement et sans impatience, nous regardons passer la vie avec tous ses détails! Que de découvertes, de surprises, d'extases! que d'admirables riens si importants, que d'émotions auxquelles nous donnons une âme, un corps, un nom! Que de sentiments rapides comme l'éclair, dont le souvenir dominera les plus grands intérêts du reste de nos ans! Que notre vie est bien alors celle du joyeux insecte ailé pour qui toutes les révolutions d'une existence s'accomplissent dans un jour, et qui ne connaît jamais que le jour du soleil!

Le temps, dont ils soupçonnaient à peine alors la marche, amena enfin un voisin auprès de la Rennetierre. C'était un homme dont l'existence n'avait rien de mystérieux, et que peu de gens connaissaient, quoiqu'il fût enfant du pays. Un matin, au moment du déjeuner, arriva une lettre signée : le *capitaine* Valleran, portant que ledit capitaine se trouverait fort heureux si le voisinage pouvait l'autoriser à présenter quelquefois ses respects à M. de Saucé et à sa charmante pupille. Le cours déjà ancien des idées habituelles du vieux gentilhomme s'arrêta à la lecture de cette missive. Il resta longtemps comme quelqu'un qui aurait réfléchi, et il arriva en effet à réfléchir. « Mais, dit-il enfin tout haut, quel est ce monsieur de Valleran ?... J'ai connu du côté de Rennes des comtes de Vanneran mais non pas Valleran ; et puis, qui est-ce qui est capitaine depuis que les princes ont ordonné ce qu'ils appellent la pacification ? D'ailleurs, je ne sache pas qu'il y ait jamais eu dans les environs un domaine de ce nom. Après tout, c'est peut-être un héritage. Mais qui donc est mort dans le pays depuis un an ? Personne, que je crois. C'est singulier ! il faut voir. » Cela dit, le bon gentilhomme appelle son garde, espèce de maître Jacques de campagne, mari de sa cuisinière, neveu du jardinier, servant à table à l'occasion, lequel aurait même fait les chambres si le nombre des visiteurs l'eût rendu nécessaire.

Arriva donc le garde dans un costume analogue à sa position, moitié chapeau, moitié casquette, moitié livrée, moitié blouse.

« Qu'est-ce que c'est que M. de Valleran, qui demeure, dit-on, près d'ici ?

— M. de Valleran ? je ne connais point. A moins que ce ne soit le fils Valleran que Monsieur veut dire.

— Il ne s'agit pas de fils : M. de Valleran, te dis-je.

— Mais il n'y a pas de M. de Valleran dans le pays. Y a le fils Valleran qu'est revenu des Italies, qui disent...

— D'Italie ! eh mais ! c'est peut-être cela : il aura émigré avec les princes.

— Du tout, du tout, ça n'émigre pas, ça. C'est un ambassadeur du premier consul !

— Tu es fou !

— Mais je ne crois pas l'être plus que Monsieur, sauf le respect qui lui est dû. Ils disent tous que c'est un ambassadeur du premier consul. »

Et là-dessus le garde se mit à conter comme quoi Valleran le père, qui était fils lui-même d'un marchand de Verneuil, s'était engagé en 1778 comme soldat à cause de quelques fredaines de jeunesse; qu'il était devenu officier à l'époque de la Révolution, qu'il avait épousé la fille du maître tailleur de son régiment, qu'il en avait eu un fils que le grand-père avait fait élever, et qui s'était sauvé, à peine âgé de quinze ans, pour faire la guerre, comme l'officier son père; que tous deux avaient fait les campagnes de la Révolution; qu'ils avaient été en Hollande, en Allemagne, en Italie, en Égypte, à Marengo ; enfin que le fils, qui avait de l'esprit, avait été, depuis son retour d'Égypte, envoyé dans bien des villes par le premier consul ; qu'il était même, disait-on, resté longtemps à Naples en dernier lieu, et que son protecteur, pour le récompenser, l'avait nommé capitaine des grenadiers à cheval de sa garde. Quant à présent, le grand-père de Verneuil étant mort, le petit-fils avait profité d'un congé pour venir arranger les affaires de la succession, parce que son père, qui était devenu général de brigade, était occupé en Italie ; enfin que le fils Valleran était arrivé depuis quelque temps dans le pays avec un Turc, un cavalier, qu'il traitait comme son camarade, et que le bruit courait que le premier consul en avait un semblable parmi les officiers de sa suite ; que tout le monde de la ville et les municipaux lui faisaient grande fête, et qu'il avait promis de faire accorder bien des choses par le premier consul ; que, parmi les biens dépendant de la succession du grand-père, se trouvait, dans le voisinage de la Rennetierre, un beau domaine avec de grands bâtiments d'exploitation donnant sur la grande route ; qu'on croyait que le métayer qui le faisait valoir était assez disposé à résilier son bail, et qu'il serait possible que le capitaine Valleran prît sa retraite pour venir établir, dans les bâtiments de son domaine, une belle auberge, où il serait d'autant plus sûr de faire fortune qu'il n'y en avait pas une seule passable à dix lieues à la ronde, à moins cependant qu'il n'espérât plus de profit, par la suite, avec le premier consul.

Ce récit, fait d'un ton moitié simple, moitié emphatique par le garde Jean, écrasa le bon M. de Saucé. Lui, qui n'avait plus voulu lire un seul journal depuis la proclamation de la Constitution de 1791, se voyait forcé de faire en un quart d'heure un cours d'histoire de géants et de mœurs publiques qui lui étaient plus inconnues que celles des Japonais, car il feuilletait fort volontiers les *Lettres édifiantes de quelques missionnaires.* Apprendre tout d'un coup que la Hollande, la Prusse, l'Autriche, avaient été vaincues et conquises en partie; que les bleus campaient depuis longtemps en deçà et au delà de Rome; qu'ils avaient parcouru l'Égypte en maîtres, et que, pour se désennuyer en chemin, ils avaient sans respect enlevé Malte un beau matin et assigné fort bourgeoisement une pension sur le livre de la dette inscrite au noble grand-maître de tant de nobles chevaliers; que là où l'on n'avait pas d'armée on faisait la loi par la voix seule d'un simple capitaine. Entendre parler d'un fils de marchand général de brigade, d'un fils de soldat, petit-fils de tailleur, ministre plénipotentiaire, d'un mamelouck armé et équipé, chevauchant journellement en parties de campagne avec un officier français dans la vallée de la Sarthe, d'un homme qui protégeait, disait-on, une province et qui pensait à se faire aubergiste, tout cela était trop bruyant, trop brusque, trop heurté pour l'allure engourdie de cet esprit vieilli dans un temps si différent. Le bon gentilhomme resta longtemps plongé dans ces réflexions profondes, ce qui permit à Jean d'ajouter à son récit bien des épisodes, croyant qu'on l'écoutait complaisamment. M. de Saucé, revenu de son premier étonnement, finit par déclarer à son garde que tout cela était rêveries; et, comme le garde insistait, espérant profiter de l'occasion pour faire triompher sa conviction, M. de Saucé coupa court en disant que les révolutionnaires, pas plus que les brigands, n'avaient des ambassadeurs, et qu'on pouvait seulement leur accorder des espions. Au point de vue où le vieillard restait placé, c'était certainement commencer à comprendre.

Pendant tout ce récit, et les digressions et discussions auxquelles il avait donné lieu, Sophie avait gardé un silence de bon goût; mais l'imagination n'y avait rien perdu. Toutes ces choses étaient aussi merveilleuses pour elle que contrariantes et inintelligibles pour son oncle. Son instinct de femme avait deviné, au milieu de circonstances qui lui déplaisaient, un éclat, une grandeur avec lesquelles les femmes sympathisent avidement, dont elle avait la conscience, et qu'elle appelait depuis longtemps à son insu. Si elle eût vécu, dix années plus tard, dans l'atmosphère de dédain tranquille et paisiblement établi au faubourg Saint-Germain, au milieu d'une existence qui marchait toute seule et sans mouvements visibles, là où le beau était exubérance, la vie polie et élégante chose naturelle, elle eût sans doute refusé son attention à un officier de fortune de la République; mais, dans un pays et à une époque où le monde poli n'avait pas encore osé reparaître au même lieu, où le souvenir de persécutions récentes et d'une vie inquiète était encore présent, une jeune personne qui s'impatientait de sentir marcher le temps sans qu'elle pût s'y associer ne pouvait avoir d'idées complètes en fait de délicatesses de ce genre. On voit, après une longue navigation, les femmes les plus orgueilleuses, du goût le plus aristocratique, pleurer à la vue du pilote qui leur arrive du rivage paternel, et se tenir à grand'peine pour ne pas sauter au cou de cet homme rude et grossier qui vient leur rendre la patrie. Pour Sophie, l'apparition du capitaine Valleran était celle du pilote. Elle voyait venir à elle, comme le rivage attendu, ce monde nouveau qu'elle rêvait depuis longtemps. Cette société qu'elle n'avait vue que dans les livres, Sophie venait de comprendre dès ce moment qu'elle se reconstituait avec ses formes et ses rapports nécessaires; et, ne fût-ce que par curiosité, par suite de cette impatience qui vous saisit dans le voisinage de l'objet désiré, elle voulait voir le capitaine.

Ce fut dans ce sens qu'elle en parla à son oncle, et son désir de jeune fille lui fournit les arguments les plus irrésistibles et véritablement les plus raisonnables. Elle représenta que le capitaine, ayant été choisi par le premier général des républicains pour des missions importantes, devait être un homme de mérite, et que dans l'isolement où l'on vivait la société d'un tel homme n'était pas à dédaigner; qu'il paraissait d'ailleurs jouir d'un grand crédit et pourrait peut-être rendre des services. Elle prouva en outre que, n'eût-on rien à lui demander, il est des occasions où il est fort dangereux de refuser, et qu'on devait prendre garde de se rendre suspect en repoussant tout contact avec les agents du pouvoir. L'oncle, qui n'était pas très-grand raisonneur et qui ne savait pas résister aux volontés de

Sophie, fut obligé de consentir à tout ce que voulut sa nièce, quoique avec un regret tacite; et, comme elle sentait que ce serait trop exiger de lui que de lui demander une lettre pour M. Valleran, elle lui dit qu'il était convenu que Jean se rendrait auprès de celui-ci en lui annonçant qu'on se ferait un grand plaisir de le recevoir.

Le capitaine savait à qui il avait à faire. Obligé de séjourner plus qu'il n'aurait voulu dans ce pays, las des cajoleries municipales et officielles, peu friand des plaisirs provinciaux, moins que bourgeois à cette époque, il avait été entraîné tout à fait par cette force de cohésion qui attire toujours l'une vers l'autre toutes les sortes de supériorités sociales. L'ennui, cette formidable passion qu'on a oublié de mettre au nombre des plus violentes, et qui obtient de nous autant que le peut faire l'amour, l'ennui lui avait arraché cette démarche à l'égard d'une caste hostile. Il se prépara donc, comme il en avait l'habitude dans ses logements militaires en pays ennemi, quand il voyait un prince italien lui abandonner avec un superbe dédain et dans un isolement complet sa magnifique villa, ses jardins avec leurs statues et leurs escaliers de marbre, et ses vins de Grèce. Il s'imposait, en pareil cas, la tâche de devenir l'ami, l'hôte chéri du farouche étranger, le conseil et le protecteur de sa famille, le compagnon de tous leurs plaisirs.

Il était rare qu'il n'eût pas réussi et qu'on ne regrettât, après son départ, le temps où il chantait aux petits *principetti* de détestables romances françaises, faisait gémir le piano sous des suites de faux accords, prenait les grives au *roccollo*, à la vive satisfaction des demoiselles, et dissertait gravement avec les jeunes gens sur les côtés faibles des différents systèmes d'escrime. La conquête qui lui restait à faire dans sa patrie, sur un sol imprégné de chouannerie, là où tout le monde pouvait estimer la valeur de son bien d'après le nombre presque exact des pièces de toile que son grand-père avait dû vendre, était beaucoup plus difficile. Il prit toutes ses précautions pour ne pas être vaincu cette fois.

M. de Saucé se préparait de son côté, et comme il se reprochait intérieurement d'avoir faibli, d'avoir abandonné, par égard pour sa nièce, les principes qu'il n'aurait jamais entendu mettre en question dans un autre temps, il voulut reprendre en détail la force qui lui avait manqué tout d'ensemble. A cet effet, il prévint Henri de la Saussaye du jour et de l'heure de l'entrevue, afin d'avoir un auxiliaire dont la vue pût dégoûter le capitaine de ses politesses mal venues. Personne ne faillit au rendez-vous.

Henri n'avait pas manqué d'amener son gros barbet, par habitude d'abord, et surtout pour faire preuve éclatante de familiarité. M. de Saucé avait disposé par ordre tous ses moyens et ses sujets de conversation, espérant bien mettre dans l'embarras le présomptueux plébéien. Il s'empressa, quand celui-ci parut, de l'appeler M. de Valleran, protestation habituelle des gens de bon air qui semblent ne se commettre que par erreur. Le capitaine, que l'on croyait surprendre, était fait à des assauts plus rudes, à des négociations plus ardues. Il s'aperçut, après les premières salutations, que Sophie était la seule qui n'eût pas de parti pris contre lui. Dès lors, tout était gagné. Le plaisir de triompher aux yeux d'une jeune femme, de la détacher, cette femme noble, de ses alliés naturels, de la tourner contre eux, exalta toutes les forces de son imagination, tendit les ressorts de son esprit.

D'abord il laissa passer, sans avoir l'air de s'en apercevoir, quelques-unes des insinuations malveillantes que ne lui épargnait pas le vieil oncle; il en rectifia quelques autres avec une dignité calme et de bonne humeur; enfin il sut en faire tourner bon nombre à son avantage, au grand désappointement de ses adversaires. M. de Saucé, qui s'était promis de n'avoir pour son hôte que des égards apparents, et de s'en tenir avec lui aux seules formes de cette politesse accomplie et impertinente dont on use surtout pour faire preuve de supériorité, lui parla de ses voyages et de ses campagnes, afin d'arriver à se soulager le cœur à propos des révolutionnaires et des victimes de l'émigration. Le capitaine releva hardiment le gant qu'on lui jetait, déplora franchement les malheureuses circonstances qui avaient poussé dans l'émigration une foule de braves gens, rapporta avec enthousiasme de nobles traits d'émigrés qu'il avait pu connaître en Allemagne et en Italie, son influence auprès du premier consul l'ayant mis à même d'en obliger sérieusement un bon nombre à Rastadt. Il ajouta que, si la conduite d'autres émigrés avait été un scandale pour l'Europe et surtout pour les Français, qui n'avaient jamais cessé de voir en eux des frères, ce fait s'expliquait naturellement s'il n'était excusé par les déplorables complications de leur situation. Quant aux révolutionnaires, c'était chose curieuse de voir comme il en fit bon marché. Rêveurs à sentiment qui encadrent et qui alignent les hommes et les événements avec autant de complaisance et de facilité qu'ils le feraient des idées ; spéculateurs intrigants qui font de ces mêmes idées un coin pour battre monnaie, il enveloppa tout dans un mépris à peu près égal; en un mot, il définissait, tel qu'il l'avait vu, le bonapartisme tout entier, mais le bonapartisme à sa naissance, s'ignorant encore, roué et naïf tout à la fois, le bonapartisme tel qu'on en pressentait le développement et que nous avons vu depuis noble et impérieux, dédaigneux et franc, brusque et assez grand pour, à l'occasion, se passer de bon goût. Le vieux gentilhomme, entraîné, débordé, entendant de meilleures raisons et en plus grand nombre qu'il ne pouvait s'y attendre, n'avait plus que l'alternative d'approuver ou de rire. M. Valleran, heureux de son succès et n'ayant plus à se défendre, put s'adresser alors à la sympathie, à la jeune imagination, d'un auditeur impressionnable et non prévenu. M. de Saucé, imprévoyant comme tous les hommes préoccupés d'une seule idée, ne s'était pas aperçu qu'en cherchant à compromettre son ennemi par ses opinions et par sa position politique, il lui avait donné le plus grand avantage que celui-ci pût désirer.

Une fois en chemin, Valleran mêla sans cesse à ses récits, et avec l'art le plus naturel et le plus candide, les splendeurs du ciel d'Italie, l'étrange éclat de l'Orient, les merveilles d'une navigation dans les mers de la Grèce, la résurrection de l'Égypte, le délicieux laisser aller des mœurs de

Rome et de Naples, leurs nuits enivrantes, l'enivrante musique et les parfums de leurs brises, et tout cela arrivant comme de très-naturels incidents dans ce drame moitié tragédie et moitié comédie de la vie aventureuse du soldat. Et ces pays enchantés, ces paradis terrestres, ces beaux-arts qui sont là-bas la vie de tous les jours, ces arts qu'on n'est pas obligé d'enfermer là-bas comme ici, sous clef et sous verre, de crainte qu'ils ne se cassent ou ne pourrissent, ces généreuses amitiés, ces nobles dévouements du bivouac et du champ de bataille, tout cela était à lui seul; il en disposait comme il voulait devant ces Manceaux, lui robustement nourri de ces émotions privilégiées, formé, jeune encore, par l'expérience, à l'art de commander ; lui à qui le génie de Bonaparte avait imposé et rendu facile l'apostolat de la parole comme celui de l'épée ! Il remuait ce monde étincelant aux yeux de ces gens qui vivaient sous les brumes et sous le ciel gris que leur envoyait l'Océan; il ne leur faisait grâce d'aucun reflet; il parlait du spectacle des volcans, des nobles extases de la pensée, d'une vie surabondante à des provinciaux dont les panoramas à vingt lieues à la ronde étaient tous semblables, dont tous les paysages mélancoliques à la Ruysdael, dont les banquets bruyants devant un grand feu étaient le suprême et l'unique plaisir.

M. de Saucé s'était, sans s'en douter, réduit au rôle d'auditeur et même de compère. Henri, abandonné à son libre arbitre, avait borné son hostilité, restée sans direction, à envoyer son chien chercher son mouchoir roulé dans tous les coins de l'appartement et jusque dans les jambes du capitaine, qui n'avait pas voulu s'en apercevoir. Sophie, si douce et si bonne, en prit de l'impatience et dit assez froidement à Henri, presque sans cesser de regarder le récit de Valleran, que son vilain chien l'empêchait d'entendre. Henri prit son chapeau et sortit sans mot dire. Le vieil oncle s'en aperçut à peine ; il ne faisait plus guère qu'écouter.

On rapporte que Napoléon, qu'il faut toujours citer quand il s'agit d'appréciation positive, ordonna que la bibliothèque destinée aux vieux guerriers recueillis à l'hôtel des Invalides fût composée presque exclusivement de voyages et de romans : la vieillesse et l'enfance éprouvent également le besoin d'entendre raconter.

Si le bon gentilhomme trouvait dans cette situation une occasion peut-être meilleure qu'une autre de passer son temps, sa nièce était occupée par d'autres impressions. La sensibilité et l'enthousiasme se compriment et s'éteignent, à la longue, dans des circonstances qui leur sont contraires, mais il faut que la plus saine partie de la vie s'use à ce travail. Dans la jeunesse, ces passions s'exaltent par les obstacles qu'elles rencontrent, par les rêves sans fin, par l'absence éternelle de tout ce qu'on suppose, par tout ce que la vie apporte d'émotions chaque jour. Et pourtant, que d'hommes naissent destinés à mourir sans avoir pu échanger contre une réalité ces rêveuses et fantastiques passions, sans même rencontrer un événement qui les désabuse, peut-être même sans avoir cessé d'attendre cette révélation, ce je ne sais quoi vers lequel semble tendre toute la vie des gens assez malheureux pour réfléchir! Le moment était venu enfin pour Sophie de savoir si l'existence avait à lui offrir une protection, une alliance ou une lutte. Le monde, jusqu'alors immobile, allait peut-être passer devant elle et dérouler ses scènes passionnées : l'avenir, auquel on fait tant de sacrifices et qui nous en récompense si peu; l'avenir, ce souverain dédaigneux qui presque toujours prend un autre chemin que celui où on l'attend; l'avenir, pour qui elle s'était préparée avec tant d'impatience, allait enfin commencer. Il lui semblait que, depuis l'arrivée du capitaine, tout se mettait en mouvement autour d'elle, et sans idée arrêtée, sans espérance explicable, elle s'attendait à en profiter.

Il était temps que Valleran terminât sa visite, car elle pensait tant à lui qu'elle ne l'entendait plus. Au milieu des réflexions qui se croisaient dans son esprit, elle n'eut que le temps, quand il se leva, de l'engager à revenir les visiter aussi souvent qu'il le pourrait. Son oncle, qui n'aurait probablement déjà plus pensé à la contrarier à ce sujet, ne put que faire une salutation approbative, et la liaison fut établie à compter de ce jour.

Elle continua tout naturellement et prit un grand degré d'intimité, favorisée par le voisinage, le désœuvrement, et, il faut le dire, par l'attrait réciproque et par l'équilibre des situations que le pays et l'époque rendaient à peu près égales. M. de Saucé avait, il est vrai, besoin de se remonter, à chaque visite, au niveau de la visite précédente, non qu'il se rappelât la mauvaise volonté à laquelle il s'était arrêté le premier jour, cette résolution était de date trop fraîche pour qu'un homme de cet âge ne l'eût pas bientôt oubliée; mais l'intervalle qui s'écoulait entre deux entrevues suffisait pour qu'il oubliât également son changement de disposition à l'égard du capitaine, et pour que le vieil instinct, les idées du jeune âge reprissent d'abord le dessus. C'était donc à recommencer à peu près chaque jour; seulement, le vieillard s'habituait à s'adoucir chaque fois plus promptement, et le jeune officier, avec une complaisance facile, s'habituait, de son côté, à triompher moins brusquement d'une débile hostilité. Un jour, entre autres, le gentilhomme, heureux de son inspiration, s'empressa de demander à Valleran s'il comptait donner suite à son projet d'établir dans son domaine et de diriger lui-même une auberge. Celui-ci, avec une tranquillité parfaite, fit d'abord de l'histoire, cita Dioclétien, son jardin de Salone et ses laitues, parla ensuite de la vanité, de l'ambition; puis, arrivant au positif, conclut en disant que la paix ou la guerre déciderait de son avenir.

Et qu'y avait-il, en effet, d'étonnant à ce moment de notre histoire, au milieu de ces oscillations qui marquaient le renouvellement de la société, qu'un homme de mérite fût dans l'alternative de devenir aubergiste sur la route de Brest ou baron de l'Empire ?

Et vraiment, si l'on ne parlait pas encore de noblesse alors, tout le monde la sentait venir. En vain ces esprits qui s'étonnent de tout parce qu'ils ne comprennent rien par eux-mêmes et qui ne parlent qu'avec l'éloquence trouvée pour des temps et des circonstances antérieures, se prétendirent-ils surpris à cette nouvelle proclamation du principe antiégalitaire. Chacun s'était dit qu'après le bouillonnement sublime qui avait fait surgir à la surface les plus hautes intelligences, il deviendrait nécessaire que l'État fût reconnaissant et qu'il constatât, pour n'y plus revenir, la place que chacun de ses nobles enfants s'était conquise, et fît prévaloir une généreuse prescription en faveur des services rendus. Valleran sentait donc, sans formuler en rien son pressentiment, que, si la guerre continuait, il devrait concourir efficacement au développement de ce drame, tandis qu'il était possible qu'il s'effaçât à la paix. Pour Sophie, elle n'avait même pas eu besoin de s'habituer à regarder Valleran comme son égal; il ne lui avait pas fallu se faire à un état de choses qui se formait au moment où son intelligence s'était éveillée et qui avait grandi en même temps qu'elle. En vain l'entourage et les lectures de la jeune fille avaient-ils établi un instant dans son esprit une erreur opposée, les premiers récits du capitaine, joints à quelques regards jetés autour d'elle, avaient suffi pour lui montrer où était le vrai. La jeunesse, abandonnée à ses propres impressions, a toujours l'intelligence des temps où elle vit, même sans se les être expliqués. La vieillesse, au contraire, a contre soi l'expérience, qui, ainsi que les meilleures choses, ne peut rendre de service que jusqu'à une certaine époque; ce temps passé, elle subit aussi une sorte d'endurcissement, d'ossification qui dégénère jusqu'à l'entêtement.

Sophie se laissait donc aller à estimer Valleran très-haut, peut-être même à l'aimer, quand son oncle ne voyait encore en elle qu'une femme qui s'exerçait au rôle de maîtresse de maison, et faisait noblement les honneurs de chez elle à quiconque paraissait s'en rendre digne par de bonnes manières. Il était parvenu à faire partager pour quelque temps à Henri de la Saussaye une sorte de conviction à cet égard; cependant celui-ci semblait se tenir toujours prêt à se désillusionner à la première occasion. Deux mois s'écoulèrent ainsi, pendant lesquels les sentiments respectifs de chacun des personnages ne firent que se fortifier et les positions s'établir plus nettement.

Un matin, Valleran fit demander à ses voisins de la Rennetierre la permission de leur offrir ses hommages plus tôt que de coutume, parce qu'il devait passer de bonne heure devant le manoir pour se rendre à Alençon, où il était mandé par un officier général inspecteur de cavalerie. Il désirait présenter en même temps son ami, l'officier de mameloucks, également appelé à Alençon. Il n'y avait à cette présentation nulle difficulté, et les deux frères d'armes arrivèrent bientôt à cheval, en grand uniforme, comme l'exigeait l'objet de leur voyage. Sophie, après quelques moments de curiosité donnés à l'officier de mameloucks, n'eut plus bientôt assez d'yeux pour contempler Valleran et cet uniforme noble, sévère, riche et simple tout à la fois, comme tous ceux choisis pour les compagnons du moderne Alexandre. Elle lui savait gré de tout ce qu'il portait, de l'oursin soyeux de sa coiffure, de ses revers d'une blancheur éclatante, de ce vêtement de daim si bien piqué, de ses grandes bottes roides et brillantes, mais surtout de ses étincelantes aiguillettes ; elle en faisait jouer les rayons entre ses doigts, elle en pesait complaisamment les torsades : jamais le capitaine ne lui avait paru aussi estimable. Je ne sais si je suis bien fâché de le dire, mais je connais plusieurs femmes d'esprit qui ne sont pas d'un autre avis en pareille occasion. Enfin, les deux militaires partirent, et Sophie n'eut garde de se refuser le plaisir de les voir galoper sur la route.

Valleran était déjà de retour dans l'après-midi, et Sophie n'y trouva rien que de naturel. Il raconta qu'ayant fait la route très-rapidement le matin, il avait laissé son cheval à Alençon. Le mamelouck ne devait revenir que le lendemain ; mais, pour lui, comme il avait à régler promptement quelques affaires chez lui, il avait pris une voiture pour se faire ramener le jour même. Il remit cependant ses affaires au soir, accepta à dîner et proposa ensuite une promenade. On se dirigea à mi-côte, le long de collines qui dominent la vallée de la Sarthe. C'était vers la fin d'août, dans une de ces journées troubles qui annoncent de loin la venue de l'équinoxe. Le jour était encore très-élevé, mais le vent d'ouest chassait rapidement devant lui un réseau de nuages dont les percées faisaient courir par intervalles la lumière sur la longueur de la vallée. Un romantique, s'il y en avait eu dans ce temps-là, n'aurait pas manqué de la comparer à la peau ondoyante d'une jeune panthère qui bondit. C'était, à la vérité, une vue attendrissante, comme tout ce qui réveille l'idée de tristesse. Sophie, émue par ces rapports touchants et toujours nouveaux, laissait errer ses regards dans l'espace et montrait au capitaine, avec l'enfantillage d'une émotion sincère, les maisons qui blanchissaient et les bois qui ondulaient, puis qui redevenaient sombres; la rivière et les étangs qui étincelaient un moment pour s'éteindre ensuite dans la verdure noirâtre, et les peupliers élancés, plantés à toutes les hauteurs, dont la cime éclatait et se ternissait tour à tour, semblables à des spectateurs assis sur les gradins d'un amphithéâtre, dont les visages, alternativement sérieux ou épanouis, reflètent les sentiments qui passent sur la scène.

« Tout cela, répondit Valleran en souriant, est

fort beau, surtout pour les personnes qui y rattachent les souvenirs de leur enfance. Pour moi, à qui l'on n'a pas laissé le temps d'être enfant, je ne me rappelle rien de semblable. Je ne me suis éveillé à la vie, au bonheur de voir et de sentir, que dans un autre monde; et quel monde! Celui-là est ma vraie patrie, c'est là que j'ai éprouvé mes émotions d'enfant. Oh! l'Italie! je veux, je compte bien la revoir, aujourd'hui surtout plus que jamais, ajouta-t-il tout rayonnant.

— Sans doute, dit vivement Sophie avec un ton d'inquiétude qu'elle s'efforçait de changer en légèreté; mais c'est une fantaisie qui se passera comme une autre... Vous ne partez pas de sitôt...

— Au contraire, avant huit jours.

— Oh! non, vraiment, cela n'est pas possible! reprend Sophie en rougissant avec fierté.

— Mais très-possible, reprend Valleran tranquille et sans remarquer son émotion; si possible même que le général m'a annoncé ce matin ma nomination au grade de chef d'escadron, et je serai probablement chargé d'une nouvelle mission pour ce pays que j'aime tant. Vous êtes bien heureuse, vous, Mademoiselle, vous ne désirez rien au delà de votre horizon grisâtre; vous vous trouvez dans le pays qui vous est cher; moi, j'ai besoin d'aller chercher ce but de tous mes vœux.

Oh! si vous aviez vu l'Italie comme je l'ai vue, vous ne resteriez pas ainsi dans ce calme qui demeurera sans doute votre partage; vous comprendriez que, lorsqu'on a passé quinze ans dans ce pays, on y retourne, et que la mort n'est douce que là. »

Et il continua longtemps sur ce ton. Et Sophie, cette noble fille qui avait oublié vis-à-vis de cet homme les traditions de ses ancêtres, Sophie, réduite dans son opinion à l'importance d'un voisinage de logement militaire pendant une semaine, Sophie le laissa dire tant qu'il voulut, car elle avait trop de jeunesse et d'inexpérience pour trouver désormais à répondre encore. Quand il eut fini, elle se plaignit de la fraîcheur de la soirée. On se sépara, et, quelques jours après, elle lui donna une véritable audience d'adieu.

Quatre nuits de réflexions dans son cœur et de souffrances dans son orgueil avaient suffi pour lui révéler tous les secrets d'un cœur de femme, et pour faire de la jeune fille simple et naïve une âme vieillie dans la feinte et dans la dissimulation. Que de malheureux dont le chagrin blanchit bientôt les cheveux! Valleran, tout préoccupé de ses projets, ne remarqua aucun changement dans les procédés de Sophie; et, de même qu'il n'avait fait aucune attention à l'intérêt qu'elle lui avait témoigné auparavant, il ne lui fit pas l'honneur de s'offenser de l'air protecteur dont elle lui souhaita cette fois toutes sortes de prospérités.

Valleran parti, M. de Saucé eut tout le temps d'aller persuader Henri de la Saussaye qu'il n'avait eu aucune raison pour s'éloigner de la Rennetierre ainsi qu'il l'avait fait, et Sophie put à loisir rajuster son cœur et sa bonne mine. Moitié conviction, moitié isolement, Henri revint, et Sophie, qui avait, aux dépens de tous deux, appris à être très-gracieuse, le fut de toute sa force. Chagrine, désabusée et désormais toute positive, elle était merveilleusement disposée pour un mariage de raison. D'ailleurs, rien ne donne de la reconnaissance pour un homme qu'on n'aimait pas comme le besoin d'en faire un instrument pour se venger de celui dont on n'a pu se faire aimer. Le mariage se fit donc à peu près comme tous les autres mariages, et valut tout autant. Mal gré, bon gré, Sophie donna à son mari une fille et deux garçons, et s'accoutuma fort bien à n'être que la femme d'un noble cultivateur. Si bien que, lorsque arriva la Restauration, il ne vint pas à l'idée du couple d'échanger le diligent aménagement des bois et les riches troupeaux de poulains dans la prairie contre la chaleur vivifiante de la cour et les récompenses de la fidélité. M. de la Saussaye, homme de réalité et de bon sens, se borna, pour acquitter sa dette envers sa naissance et ses opinions, à faire dans les élections, loyalement et sans haine, la petite guerre monarchique, et n'en continua pas moins à garder ses foins de la manière la moins chevaleresque du monde. Quant à Valleran, plébéien grandi avec une dynastie, il crut de son devoir de tomber avec elle et garda rancune au temps. Comte de l'Empire et général démissionnaire, il satisfit son ressentiment en poussant pendant quinze ans aux institutions républicaines l'opinion des notaires et des procureurs de son département.

En 1831, Valleran ne boudait plus : il était devenu lieutenant général, et pensait que quinze ans de dévouement aux institutions républicaines étaient suffisants pour qu'il se dispensât désormais d'en parler. Henri de la Saussaye continuait à vendre ses foins, son bois et ses poulains.

Il vint, au printemps de cette année, à la fameuse foire de Guibray, présenter des chevaux aux officiers chargés de la remonte. On les accepta, et le marché était comme conclu lorsqu'on annonça l'arrivée d'un inspecteur extraordinaire ayant mission de surveiller le service des remontes. C'était le lieutenant général Valleran. Le jour de l'inspection venu, cet homme, qui jadis avait dédaigné la femme, fit refuser les chevaux du mari. M. de la

Saussaye n'eut même pas la satisfaction de se persuader que c'était hostilité envieuse contre sa caste : l'inspecteur ne s'était pas enquis de son nom et ne l'avait seulement pas regardé.

(1832)

DOUBLE ERREUR

I

On était au plus fort de l'hiver de 1836. Le soleil parisien, qui se lève si tard, commençait enfin à jeter ses premières et pâles clartés dans la ville; les voitures, qui roulaient avec bruit, représentaient à merveille le bruit du char de cette aurore peu matinale, et cependant c'était à grand'peine si ces belles maisons encore endormies ouvraient par hasard quelques-unes de leurs fenêtres. Plus endormi encore que les maisons voisines était un vaste hôtel de la rue de Richelieu, hôtel sombre, silencieux, très-fermé, sans bruit, sans mouvement, mais non pas sans habitants, car voici un jeune homme (quand nous disons un jeune homme, nous le devinons à la légèreté de son pas, à la vigueur de sa main, à ce je ne sais quoi de jeune qui éclate même sous le manteau le plus sombre, même sous le cache-nez le plus épais), voici un jeune homme qui frappe à cette porte de façon à l'ébranler. La porte, ainsi réveillée en sursaut et d'une façon si brutale, s'ouvrit lentement et comme à regret. Du même pas, ou plutôt du même mouvement, ce brutal nouveau venu gagna l'entresol, et là encore il fallut attendre et frapper longtemps. A la fin, un brave domestique, repu, mais non pas rassasié de sommeil, les cheveux en désordre, l'œil gonflé par le repos de la nuit, le bâillement et le sourire à la bouche (tant il avait dormi!), vint ouvrir à cet empressé visiteur.

« Que le diable t'emporte! s'écria le jeune homme; où est ton maître? » En même temps il se dirigeait sans autre façon vers la chambre à coucher de Henri Hautoir. Puis, comme s'il eût eu quelque remords de réveiller Henri si brusquement :

« Écoute, André, il est dix heures. Henri est peut-être rentré ce matin même. Je te donne dix minutes pour le réveiller comme tu l'entendras. » En même temps il se jeta dans un fauteuil, en homme qui ne demandait qu'une occasion d'entrer dans une grande fureur.

Et comme il faut mettre à profit toutes choses, mais surtout la patience d'un homme en colère, nous profiterons de ce répit pour vous donner quelques explications sur notre héros, que dis-je? sur nos deux héros, Georges que vous voyez là couché dans un fauteuil, et Henri Hautoir qui se réveille à grand'peine sous les timides et insidieuses sollicitations de monsieur son valet de chambre André.

Henri Hautoir n'était rien moins qu'une malheureuse créature humaine de vingt-trois ans tout au plus; il n'avait connu jusqu'à présent que les roses sans épines de la jeunesse, sinon une épine qui l'avait piqué au cœur, mais si légèrement! ce qui faisait de Henri un misanthrope. Lui trahi! lui-même! Voilà ce qu'il se répétait sans fin et sans cesse. Trahi par *elle,* encore. Eh! mon pauvre Henri, par qui donc sommes-nous trahis, sinon par *elle?* Du reste, notre jeune homme était beau, bien fait, joli, trop joli, pensait-il, malgré sa moustache blonde. Grand malheur, une moustache blonde sur un frais visage. Ah! si ma moustache était noire! Ah! si ma maîtresse m'aimait toujours! Ah! si j'avais vingt-cinq ans! Et les autres éternels *si* de la jeunesse. Quant à sa vie, sa vie opulente, oisive, jaseuse, capricieuse, doucement murmurante, c'était un de ces beaux ruisseaux bien limpides qui n'ont jamais fait tourner la roue d'un moulin, eaux jaillissantes et oisives qui circulent à travers la prairie en chantant les petites complaintes qui plaisent si fort aux blanches marguerites et aux bluets.

Georges était, tout comme Henri, un roué innocent. Vous savez bien, un de ces imberbes dons Juans, tout prêts, à les entendre, à séduire, à tromper, à déshonorer deux cents femmes, et rougissant jusqu'au blanc de l'âme et des yeux si par hasard tombe sur eux, quelque peu d'aplomb, un doux regard féminin. A entendre parler nos dons Juans, Casanova est un enfant à côté d'eux; voyez-les agir. Chérubin est un héros. Ce sont les matamores de la galanterie et de l'amour. Et cependant voulez-vous savoir Georges tout entier? Georges n'avait encore été trahi par personne. Il appelait de tous ses vœux la première trahison, c'est-à-dire le premier amour. Soupirs, billets doux, la main pressée par une main tremblante, portraits échangés, clair de lune, promenades dans les bois, mouchoirs brodés, dentelles, rubans, cheveux, parfums, sourires, douces choses si charmantes à donner, à recevoir, à garder sur son cœur; oui, mais le jour arrive où il faut tout rendre, les billets doux, la main pressée, le portrait qui sourit encore comme le premier jour, sans en excepter les baisers. Déjà à son âge Henri a été trahi par une femme, pensait Georges. Henri n'est pas déjà si malheureux.

Tels étaient les deux amis, Henri et Georges. Avec ces deux-là, vous n'eussiez pas fait un grand roué. Ils s'aimaient d'une honnête amitié, à tout prendre; seulement ce damné Henri avait pris l'habitude de couper les moissons amoureuses sous les pieds de Georges. Henri était plus beau, plus leste, plus heureux que son ami Georges. Son étoile brillait d'un éclat plus vif aux yeux des belles dames. Au moins avait-il pour lui la trahison de sa première maîtresse, et les femmes lui en savaient gré; elles se disaient que, puisqu'il n'était pas mort d'une première trahison, il ne mourrait pas d'une seconde, et c'était déjà autant de gagné. Ainsi, Georges, bon diable et jovial garçon, ne savait à quoi attribuer toutes ses galantes mésaventures. En vain faisait-il lever sous ses pas le plus galant gibier du monde, vingt ans, chapeaux à plumes, brodequins noirs, bracelets, éventails, voiles et dentelles; en vain attrapait-il à ce gibier flamboyant un coup d'œil, un sourire, un petit cri railleur, il arrivait que tout d'un coup, à l'instant où l'ami Georges mettait en joue ces beaux faisans tout dorés où se jouait la lumière du soleil et de l'amour, un coup invisible, parti de quelque buisson voisin, de quelque haie d'aubépine en fleurs, abattait le gibier visé par Georges, et puis cours après si tu le peux, mon pauvre ami. Je vous dis là à ma façon et à la façon de mes périphrases, les accidents de Georges allant en chasse avec son ami Henri.

Ils étaient nés l'un et l'autre dans la même province, sous le même petit lambeau de ciel bleu, au chant des mêmes rossignols. Tant qu'ils avaient été amoureux dans leur patrie, ils l'avaient appelée une patrie. Mais depuis son premier malheur, Henri avait pris en grande pitié cette patrie des femmes ingrates; quant à Georges, son bonheur s'était obscurci le jour même où la grande Calabraise, fille noire et vive, lui avait dit : « Je ne t'aime pas, Georges! » Ils étaient donc venus, bras dessus, bras dessous, dans le refuge de toutes les ambitions et de toutes les douleurs, Paris. Là ils avaient vécu en bons jeunes gens, bien posés dans le monde, et à qui rien ne manque pour vivre que d'être moins heureux. Vous voyez que rien n'est plus vulgaire que la vie de mes deux héros, mais aussi nous avons *deux héros*.

Quand il eut attendu ce grand quart d'heure, Georges, se précipitant sur le lit de Henri : « Réveille-toi, lui dit-il, tu as bien assez dormi. Par le Ciel! réveille-toi, pour que tu saches toute la trahison, toute la perfidie, toute la cruauté des femmes de ce temps-ci. Réveille-toi! réveille-toi!

—Voilà qui est tragique, mon bon ami Georges, dit Henri en se frottant les yeux; mais quoi! cela ne m'explique ni ta visite ni ta mauvaise humeur.

— En deux mots, Célestine se moque de moi!

— N'est-ce que cela? dit Henri, dont l'air souffrant et les traits altérés semblaient témoigner qu'il avait besoin du repos que lui ravissait impitoyablement son ami.

— Eh! par le Ciel! n'est-ce point assez? s'écria l'irascible jeune homme. Quel sang as-tu donc dans les veines si la trahison de celle-là ne peut pas secouer ton épais sommeil! Il s'agit de Célestine, entends-tu? Il s'agit qu'elle ment, qu'elle me trompe, qu'elle se moque de moi-même, de moi, Georges! Et pour qui me trompe-t-elle encore? Pour quel gentilhomme de bonne mine, pour quel chevalier de Faublas, en frac et en bottes vernies? Pour ce long et filandreux Laignelant! Un drôle à la maigre échine, un cordon de sonnette qui se dandine en marchant, un méchant attaché d'ambassade, attaché par quel bon ou mauvais fil, Dieu le sait; un fat, un ridé, un blanchissant, un édenté, un drôle et une drôlesse; les voilà bien appareillés; que rien ne vous gêne, monsieur et madame, embrassez-vous!»

Puis il se promenait à travers la chambre en jurant comme un charretier non baptisé; puis il s'asseyait sur le bord du lit, et, tout en bondissant, il s'écriait :

« Mais quelle vengeance puis-je tirer de cette femme? Réponds-moi. Si j'allais la trouver un matin, dans un costume de cheval, éperonné, botté et une cravache à la main, qu'en dis-tu?

— Je dis, reprit Henri, que tu ferais une lâcheté. On ne bat plus même sa femme. Quand un galant homme se venge, il se venge en homme bien élevé. Il va trouver son rival, il le salue poliment, et il lui prend sa femme; troc pour troc. Va donc! Pour Célestine qui ne veut plus de toi, prends-moi Mme de Laignelant qui en voudra bien.

— Comment, Mme de Laignelant? Est-ce que Laignelant est marié? dit Georges.

— Et très-marié, reprit Henri. Ah çà, d'où viens-tu donc?

— Ma foi! cette impudente drôlesse de Célestine me tenait si bien en charte privée, que je ne sais plus rien du monde.

— Mais sans doute, ce fat de Laignelant est marié, et qui plus est sa femme est charmante et gracieuse; Célestine n'est pas digne de lui servir de femme de chambre, non, par le Ciel!

— On pourra voir! dit Georges avec une certaine fatuité. Et qui est cette femme?

— Tu sauras cela plus tard, mon bon ami, et tu m'en donneras des nouvelles.

— A ravir! à ravir! Maudite Célestine!

— Ah çà! voyons, Georges, dit Henri, laisse là Célestine. En voilà bien assez pour une danseuse.

— Tu as raison, je lui pardonne; mais elle me le payera, l'infidèle. A propos, j'ai reçu hier un billet pour toi. J'étais au bal masqué, à chercher ce qu'on cherche dans cette foule qui est folle de son corps, ma foi! Cette chasse aux faciles amours est la plus ennuyeuse que je connaisse, et j'en fus bien dégoûté. Comme j'allais quitter le bal, une petite main m'a glissé cette lettre en me disant à demi-voix : « Pour Henri! »

— Et tu ne sais qui ce peut être? dit Henri.

— Non, sur ma parole... Qu'as-tu donc? continua-t-il en voyant Henri se lever brusquement.

— Lis! » dit Georges en lui tendant la lettre qui ne contenait que ces mots :

« Henri, je vous aime et je souffre, et vous ne savez ni combien je souffre, ni comme je vous aime. »

« Eh bien?

« — Eh bien ! ne reconnais-tu pas l'écriture ?

— Ah ! Ciel ! s'écria Georges, ah ! Ciel ! c'est la main de Calabra, que nous appelions la Calabraise ; de mon premier, de mon funeste amour !

— Comment donc, interrompit vivement Henri en lui arrachant le papier des mains... mais non ; rappelle-toi bien, Georges, ne reconnais-tu pas plutôt l'écriture de Mme de Marnebois ? »

Georges reprit la lettre : « C'est vrai, dit-il après un instant de silence. Calabraise appuyait davantage sur les déliés... Bonne chance, Henri !... Et pourtant je ne sais quelle mélancolie ce nom, cette espérance déçue, ont éveillée en moi. Cela est cruel, Henri, de se ressouvenir ! » Une fois au bout de cette phrase à demi élégiaque, Georges se mit à boire un verre d'eau sucrée, tout en poussant de gros soupirs.

Mais Henri ne songeait guère à son ami. Il restait plongé dans une méditation profonde. Il ne pouvait chasser la pensée que ces humbles paroles de regrets et de remords étaient de Mme de Marnebois, la même femme qu'il avait aimée jadis, et dont la trahison cruelle avait désenchanté sa jeunesse. Telle était cette nature croyante et passionnée, qu'au moindre souffle elle sentait chanceler l'amas si péniblement entassé de ses doutes et de ses ironies. L'ironie, le doute, la jeunesse, trois mots qui hurlent d'être ensemble; mais laissez-les hurler jusqu'à ce qu'enfin quelque bon esprit vienne les apaiser, pour que chacun s'en aille de son côté, le doute et l'ironie avec la vieillesse grondeuse, l'espérance et l'amour avec la jeunesse, qui rit de tout et qui croit à tout.

« Où est-elle? se disait Henri, où est-elle mon Élise d'autrefois, l'ange de mes rêves, la grande dame confiante et folle de ma félicité passée? Où est-elle? Qu'a-t-elle fait? Pourquoi êtes-vous devenue si peu loyale, ma belle Élise? Pourquoi m'avoir menti, à moi qui vous aimais? » Ainsi Henri pensait tout haut, en croyant se parler bien bas.

« Voilà qui est bien parler! reprenait Georges. Honte, infamie et malédiction sur ces mariages qui nous rappellent l'accouplement des forçats au bagne de Toulon ou de Brest! Voilà ce Marnebois, un homme informe, et on te l'a préféré! Infâme! Eh bien! supposez qu'une honnête femme ignorante, mais honnête au fond, se donne pour rien à un pareil drôle, vous verriez que cette femme serait honnie et méprisée. Le mariage l'absout et la justifie. Ah! Célestine! Célestine! *Ubi es?*

— Dis-moi, mon bon Georges, veux-tu me rendre un service?

— Quel service? répondit Georges en regardant Henri d'un air défiant.

— Tu me rendras le plus heureux des hommes.

— Bon! encore une corvée. Je te vois venir.

— Tu connais M. de Laignelant. Il reçoit tous les jeudis, Mme de Marnebois y sera sans doute. Vas-y.

— Eh! vas-y toi-même! Est-ce que je connais sa femme, moi?

— Mais il faudra pourtant que tu fasses connaissance avec elle?

— Est-ce que je suis prié?

— Entre amis!»

Et comme Georges hésitait encore :

« Vas-y, je t'en supplie. Tu es adroit, toi. Tu observes bien. Tu verras dans ses yeux si ce billet est de sa main. Elle te connaît. Ne t'a-t-elle donc pas vu cent fois avec moi, durant ces heures cruelles du doute et de l'agonie de notre amour? Elle aura confiance en toi. Tu sais, les femmes! Un mot, un coup d'œil, cela suffit! Il y a une langue universelle. Le seul aspect de l'ami ou du frère de l'homme qu'elles ont trahi, non pas sans douleur, amène bien vite des larmes dans leurs yeux; tu comprends cela : vas-y.

— Non! mille fois non! répondit Georges en s'opiniâtrant. Je veux avoir, ce soir même, une explication avec Célestine...

— Mais, malheureux, il faut donc tout te dire ! Si tu veux te venger, vas-y, m'entends-tu ? car sa femme, Mme de Laignelant, c'est la Calabraise !

— Calabraise ! Ah ! le misérable ! J'aurais dû m'en défier !

— Oui, certes, dit Henri, la Calabraise ! ton ancien amour. Non, je ne devrais pas te l'avouer ; mais enfin apprends donc que cette femme que tu as aimée, je l'ai consolée... Elle est venue à moi, souffrante, éplorée, le cœur en deuil ; elle m'a confié son désespoir et son amour...

— Oh ! ma chère maîtresse ! s'écriait Georges, je pourrai donc vous revoir ! J'irai, Henri ! Ah ! certes, j'irai... Oh ! Ciel ! comment ne l'ai-je pas su plus tôt. Tiens, Henri, il faut que je t'embrasse. Et quant à Mme de Marnebois, fie-toi à moi, vive Dieu ! je t'en rendrai bon témoignage. »

Disant ces derniers mots, Georges, éperdu et combattant vainement son trouble, se précipita hors de la chambre, la bouche souriante, les yeux pleins de larmes.

II

Mme de Marnebois était mignonne et frêle en apparence. Cependant sa taille fine, souple et nerveuse avait des mouvements agiles et furtifs qui eussent au besoin décelé une nature passionnée ; rien qu'à voir ses grands yeux d'un gris bleu, tour à tour remplis de malice et de langueur, vous-même, qui avez cinquante ans, vous auriez dit : Là-dessous il y a du feu et un cœur.

D'épais cheveux châtains encadraient à ravir l'ovale fin et délicat de ce fier visage. L'arc mince et pur de ses sourcils bruns, légèrement froncés à la moindre aventure, donnait à cette figure expressive et mobile je ne sais quel caractère de mutinerie charmante ; au-dessous du nez le plus mignon et le plus joli du monde, s'ouvrait une bouche ronde et fraîche, parfaitement moqueuse et meublée. Et quelles lèvres ! un peu grosses, mais... en voilà beaucoup trop pour vous faire amoureux, si vous ne l'êtes pas.

Comme nous l'avons déjà dit, cette souple, frêle, nerveuse et délicieuse créature avait longtemps, avant son mariage, connu Henri, qu'un hasard assez vulgaire avait rapproché d'elle.

Dans une promenade à cheval aux environs d'Amiens, il avait eu l'occasion de couper d'un coup de cravache la figure d'un maraud malavisé, sorte de marchand de bœufs en gants jaunes, qui trouvait plaisant de trotter à côté de cette belle dame dans les ornières ; de fréquentes entrevues avaient suivi cette rencontre, dans laquelle, d'après un usage assez général en province, Mme de Marnebois, alors Mlle Élise de Téverin, allait seule, au hasard de ses dix-huit ans accomplis; et bientôt, grâce au voisinage, ils en étaient venus à se voir presque tous les jours.

Élise appartenait à l'une des plus anciennes mais aussi des plus obscures familles de la noblesse de France. Son père, M. de Téverin, était un de ces gentilshommes tout d'une pièce, qui ont dormi plus de cent ans, sans s'éveiller, dans le palais enchanté de la Belle au bois dormant. C'était une bonne moitié de grand seigneur entée sur une bonne moitié de manant. Il avait la taille d'un bourgeois, la main et le pied d'un gentilhomme, il parlait comme un électeur; il pensait comme un haut baron; il était gourmand comme un cordon bleu, et gras comme un fabricant d'indiennes. Du reste grand chasseur, grand fumeur, grand brailleur, grand amateur de vin de Hongrie et de fanfares. Quant à son titre de père et de protecteur d'une belle jeune fille de dix-huit ans, de quoi lui parlez-vous? Il n'a pas le temps : il a un renard à forcer tout à l'heure. On lui parlera de sa fille un autre jour. Et en avant!

Ainsi donc nos deux jeunes gens, n'ayant rien de mieux à faire, s'étaient mis de suite à s'aimer.

— Je vous aime! et elle, elle ne disait pas encore

Je t'aime! mais, ma foi! à bon entendeur, salut! Henri était tout oreilles, et elle avait pour lui les plus charmants petits sourires. Quoi de plus : ils allaient dans le pays de l'amour avec les bottes de sept lieues. O l'heureuse et charmante chaussure! O le bon moyen de faire beaucoup en amour! O qui que vous soyez, qui avez à vos pieds les bottes de sept lieues, soyez béni et loué entre tous. Gardez à vos pieds légers cette heureuse semelle de soie et d'or. Savez-vous le nom des bottes de sept lieues? La première a nom *la jeunesse*, et la seconde s'appelle *l'amour?*

Or, pour comble de bonne chance, le caprice de l'amour se mit de la partie; c'est là encore une botte de sept lieues pour un amant qui sait s'en servir. Mlle de Téverin avait la manie des froideurs subites, des brouilles inexplicables, des retours imprévus aux réserves accoutumées de son sexe et de son âge. Alors elle se renfermait avec opiniâtreté dans un silence et dans un isolement complets; alors le pauvre Henri, inquiet, agité, plein de troubles et d'angoisses, passait des jours et quelquefois des semaines entières sans que la belle Élise parût se douter le moins du monde de ses inquiétudes et de ses tourments.

C'était justement dans un de ces beaux moments de fantaisie folle, brutale, injuste, implacable, que

M. de Marnebois, gentilhomme breton de vieille souche aussi et dont le père avait servi dans l'armée des princes, se présenta pour obtenir la main de la jeune fille. Certes il n'était pas beau, ni bon; mais, en revanche, il passait pour un pauvre d'esprit très-pauvre. Ce qu'il savait? ah! voilà l'affaire! Il savait, ne riez pas, distinguer l'une de l'autre les couches différentes de la terre; il connaissait les terrains d'alluvion; il disait si tel fragment nous venait du premier ou du dernier déluge; il reconnaissait les mastodontes et autres fossiles; il annonçait d'où venait la craie, le calcaire de liais et la houille. Ajoutez, pour avoir sa science au grand complet, qu'il tenait un pistolet à merveille. Placez là-bas une mouche, le cœur d'un homme, un rien, un point noir, zest! et sans viser, votre mouche est touchée. Que serait-ce donc, si c'était un homme? se disait-il. Du pistolet au billard il n'y a qu'un petit abîme, une blouse. La balle du pistolet et la bille du billard obéissent à la même volonté, au même coup d'œil. Donc, grâce au billard et à la chasse, M. de Marnebois s'était trouvé en relation avec M. de Téverin. Peu à peu, ils étaient devenus presque inséparables. Ils passaient alternativement six mois de l'année, tantôt chez l'un, tantôt chez l'autre. Enfin, un beau jour, la pensée lui était venue d'augmenter l'intimité qui existait entre eux par une alliance. M. de Téverin n'avait aucune objection à faire contre ce mariage. Élise, de son côté, qui était alors dans ses lunes noires avec Henri, s'y était prêtée de la façon la plus gracieuse. Elle n'avait demandé qu'une chose, c'était de passer, chaque année, trois mois à Paris, comme une élégante civilisée qu'elle était au fond de l'âme, sauf à redevenir une brute le reste de l'année, et son mari avait dit oui de très-grand cœur.

M. de Marnebois avait avec lui un ami qui ne le quittait guère, et qui, sauf la différence d'embonpoint, semblait en tout son sosie. M. de Laignelant était à M. de Marnebois ce que M. de Marnebois était lui-même à M. de Téverin. Il complétait cette trinité aristocratique et campagnarde, dont le gentilhomme artésien était le père éternel. C'était un homme de haute taille, sec et roide. Ses lèvres minces et contractées, qu'il mordait sans cesse, comme pour lisser une moustache rousse et retroussée, et son front déprimé, étroit et busqué, lui donnaient un air de réserve hautaine que ne démentait point sa parole rare et monosyllabique. M. de Laignelant, une fois son inséparable compagnon marié, n'eut point de relâche qu'il n'eût pris femme à son tour. Calabraise, un grand conspirateur à l'œil noir, à la peau blanche, aux belles mains, la plus jolie réfugiée d'Espagne qui eût jamais réclamé le droit d'asile sur une terre amie, vivait avec son tuteur dans un coin obscur de la ville, attendant l'amoureux et la fortune qui allaient venir.

Tout d'abord l'ami Georges avait été le premier bienvenu auprès de la dame; elle l'avait trouvé à son gré, et elle avait jugé favorablement de la jeunesse de France sur ce bel échantillon. Mais être le premier venu n'est pas toujours un bon titre. Le second qui se présente a souvent de meilleures chances. Il faut dire aussi que cette pauvre femme étrangère, tête proscrite, n'était pas fort à l'aise pour savoir au juste ce qu'elle voulait. Que diable! quand on foule la terre natale, quand on vit au milieu de ses sujets naturels, quand on sait bien quelle langue on parle et quels regards on doit jeter, alors la chose va toute seule. Laissez faire l'Espagnole en Espagne, l'Anglaise à Londres, la Française partout, et elles sauront bien se protéger et se défendre. Il arriva donc que notre Espagnole ne prit pas le temps d'apprendre la langue de l'amour de Paris. Elle épousa le second venu, M. de Laignelant, sans aimer Georges plus tard. Elle fit tout à fait comme elle eût fait en Espagne. Eh bien! mariée à M. de Laignelant, ce ne fut pas Georges qu'elle aima; elle aima Henri. Henri, aimé de celle-là n'aurait pas mieux demandé que de se laisser aimer, s'il eût été plus assuré de l'amour de Mme de Marnebois. Un amour pousse un autre amour. L'une vous aime, donc l'autre reste libre de vous aimer. C'est trop juste. Liberté pleine et entière. Oui ; mais si cet amour-là s'en va, cet autre amour peut partir. Tout ou rien ; voilà le langage des passions. J'aurais aimé deux femmes, je ne suis pas assez heureux pour n'en aimer qu'une seule. Mme de Marnebois m'a trahi, adieu à la Calabraise ! Je souffre pour la première ; que la seconde souffre pour moi, peu m'importe !

Cruel Henri ! Mais sa cruauté retombait sur lui-même. La langueur le prit, et aussi l'ennui, le chagrin, le dégoût. Avoir eu sur son cœur ces deux beaux êtres palpitants, Élise et la Calabraise, et ne plus rien trouver que la place froide et désolée ! Il y avait là de quoi mourir ; il voulut mourir. Mais comment faire ? Un jour qu'il était plus triste et plus fou que jamais, la tête penchée dans une rêverie sans fin, et comme s'il eût vu passer au fond de son âme les douces images de son bonheur d'autrefois, tout à coup une ombre se plaça entre lui et sa contemplation. Cette ombre calme et limpide, c'est la Calabraise, la proscrite. Vous jugez du sursaut qui se fit dans l'âme de

Henri. Il voulait bien ensevelir l'Espagnole dans le même linceul que la Française, mais à condition qu'il ne reverrait jamais ni celle-ci ni celle-là. Il revit l'Espagnole, et comme il était en train de pleurer, il n'osa pas jeter sur elle ses gros yeux rouges. Il se leva en essuyant ses yeux; mais les larmes qu'il ôta avec ses mains retombèrent dans les yeux de l'Espagnole. Georges, cependant, toujours en campagne après sa belle, arrivait sur ces entrefaites, suant, essoufflé, en désordre. En quête de son côté, on voyait poindre au bout de l'horizon M. de Laignelant, épongeant d'un foulard vert pomme la rosée de son front jaune et parcheminé. La Calabraise, qui regardait déjà Henri d'un regard miséricordieux, le trouva beau comparé à ses deux soupirants, l'un étique, et l'autre, Georges, qui lui sembla rebondi comme une outre : la grotesque image de Sancho Pança lui courut soudain devant les yeux. Georges, de son côté, avait aperçu son ami. Avec cette adorable maladresse des amoureux, ces illustres nigauds, il alla vers son ami la main tendue. La Calabraise lui fit signe et s'enquit de ce pauvre éploré. En vrai bon enfant, Georges raconta à la dame les souffrances de cette âme brisée ; il étala complaisamment le deuil amoureux de son ami. Il pérora avec éloquence, vanta ces larmes, qui sont le vrai sang du cœur, cet amaigrissement et cette pâleur de Christ d'ivoire sur son fond de velours. Ainsi il parla : mais plus il parlait, et plus la Calabraise le trouvait gros, gras, rebondi et bien portant, et trop fleuri et trop heureux. Il lui sembla que c'était un meurtre que Georges eût des joues si brillantes, et à l'instant même elle aima Henri. Quant à M. de Laignelant, il n'en fut pas même question dans le plus petit coin de sa pensée. En effet, n'était-ce pas son mari ?

Ainsi vont-ils tous les trois, l'Espagnole, Henri, Georges, poussés par le même flot, mais par un flot qui se brise à chaque petite passion de leur cœur. Henri pleure son infidèle; la Calabraise regarde Henri, pendant que Georges la regarde aussi tendrement qu'il peut faire sans être ridicule. Ils seraient allés ainsi jusqu'à la fin du monde, mais toujours faut-il bien cesser de se regarder ainsi. Donc Henri eut peur d'aimer cette femme, et Georges, se voyant dédaigné par elle, ne voulut pas donner à Henri le temps de se reconnaître. Et puis il y a un gouffre qui absorbe toutes choses, l'amour et la vertu, l'innocence et la patrie, ce gouffre s'appelle Paris. « Allons à Paris, dit Georges. — Allons à Paris, » dit Henri. La Calabraise les vit partir d'un œil abattu. Elle aimait Henri, et elle sentait qu'elle eût pu aimer Georges. Cependant Georges et Henri la laissaient seule avec son mari, les ingrats !

III

Les événements que nous venons de raconter auraient dû peut-être en bonne logique précéder le chapitre premier de ce récit; mais qui donc commence par le commencement, aujourd'hui? Non pas, certes. On vous prend un homme au milieu de sa vie, et puis, si l'homme plaît au lecteur, alors on remonte le courant; sinon, vous plantez là votre héros, et vous emparez d'un autre.

Donc Mme de Laignelant, la Calabraise, avait été amenée à Paris par son propre mari, et à Paris, elle avait retrouvé et reconnu ce bien-aimé et mélancolique Henri. Alors avait commencé un triste duo dont voici quelques paroles; mais l'air douloureux sur lequel se chantait ces paroles s'en est allé dans les airs à la suite des rossignols. Elle disait : « Henri, je t'aime. » Henri disait : « J'en aime une autre. » Pauvre femme ! et pauvre Henri ! car notez bien que je ne plains pas Georges ; il est trop gros, trop gras, trop fleuri ; c'est un triste amant ; ah ! pour un mari, parlez-moi de Georges. A la fin il se laissa aimer de cette femme; elle l'aimait tant! Il y eut même des jours où il se figurait qu'il aimait en effet Mme de Laignelant, il avait en effet conservé tant d'amour pour Élise. Si bien qu'en recevant ce billet de l'Opéra, ce billet plein de tendresse et de passion, ce billet : *Je t'aime, Henri!* Henri s'en fut au septième ciel tout droit. Et la Calabraise qui vous aime, Henri? Ma foi! tant pis pour elle! Je passerai sur son corps et sur son cœur pour arriver un instant plus vite auprès de Mme de Marnebois. Je suis féroce. Si vous êtes féroce! les amants le sont tous. Ainsi il tuait, il criait, il assommait, il déchiquetait à l'avance Mme de Laignelant. Il avait contre elle toute sorte d'affreux petits courages. Bien plus, il lui renvoyait Georges, Georges qu'elle avait aimé d'abord, qu'elle n'avait plus aimé ensuite parce qu'elle avait vu Henri. Tiens, Georges, déchire-la à belles dents. Déchirez-vous l'un l'autre, tuez-vous, disait Henri; que m'importe! Les gens sont fous, qui aiment; ils sont fous, cruels, impitoyables, malheureux, plaignez-les!

Plaignons Henri. Depuis longtemps d'ailleurs, sa santé déclinait; une sorte de malaise moral avait remplacé chez lui la droiture du caractère et la sérénité de l'esprit; il avait des impatiences, des hésitations inexplicables, des joies et des tristesses qui s'élevaient et s'apaisaient soudain comme les flots de la mer. Il était frappé au cœur. Cette double intrigue le rendait misérable. La femme qu'il aimait était loin de lui; il avait été forcé d'en aimer une autre. Il sentait à la fin la vanité de son amour et l'injustice de ses dégoûts. Pauvre diable! que je te plains! Il ne sait quoi vouloir, il ne peut pas aller en avant, il ne peut pas rester où il est; s'il recule d'un pas, il est mort. A quoi servait de dire à Georges que la Calabraise était à Paris, qu'elle habitait telle maison, dans telle rue, et qu'on pouvait la voir à telle heure? C'était une trahison en partie double; trahison contre cette femme, trahison contre ce jeune homme. Arrête, Georges! Mais Georges, tout gros qu'il est, a déjà pris les devants; il est impossible de le rejoindre. Où était-il? au bain? à la course? au bois de Boulogne? rue du Helder? Georges n'était nulle part. Il était chez Mme de Laignelant. Et que va dire cette pauvre femme? Que va-t-elle croire en revoyant son ami Georges, son premier venu d'autrefois? Comment la retirer des mains de ce furieux? Le remords commençait pour Henri. Un instant il hésita; il eut peur, il songea à défendre cette femme qui l'aimait tant, il se dit à lui-même qu'il faisait là une mauvaise action en la livrant à Georges. Puis il prit, comme on dit, *son courage à deux mains*, et s'en alla, pâle, souffrant, mécontent de tous, et surtout de lui, chez la pauvre femme dont il venait de jouer si étourdiment, si méchamment le bonheur et le repos.

En effet, Georges était accouru tout d'une haleine chez Mme de Laignelant. Chose assez étrange ! elle l'avait senti venir comme on sent venir une trahison; elle l'avait reconnu comme on reconnaît l'homme que l'on a cru aimer et que l'on n'aime pas. On se dit : C'est *lui !* l'homme qui m'a trompée et que j'ai trompé. On oublie très-facilement l'amant que l'on a aimé; on ne l'aime plus, tout est dit. Mais l'amant que l'on n'a pas aimé, il est là, sans fin et sans cesse, comme un remords quand on est amoureuse, comme une épouvante quand on n'aime personne. Georges était tout triomphant et tout prêt à pardonner à l'infidèle; mais quand il la vit les yeux baissés, effarée et blottie sur elle-même, il s'arrêta, et il comprit que c'était à lui, Georges, à implorer le pardon de cette femme. « Mais d'où vient-il et qui l'envoie ? se disait-elle. — Mais pourquoi toute cette épouvante ? se disait-il; que lui ai-je fait ? » Notez bien qu'ils n'étaient pas seuls, que l'explication n'était pas facile, et que M. de Laignelant venait d'entrer chez sa femme. Ils restaient donc tous les trois, M. de Laignelant, sa femme et Georges, à s'entre-regarder. Qui donc est-ce qu'on trompe ici ?

A ce moment-là entra Henri qui espérait devancer Georges. Chacun se leva tout aussitôt. M. de Laignelant connaissait à peine M. Henri ; Georges était fort étonné de le voir entrer si vite ; la Calabraise, inquiète et malheureuse, implorait un peu de miséricorde et de pitié. On se salua, on se présenta l'un l'autre ; Georges fit à Henri les honneurs de Mme de Laignelant, M. de Laignelant lui dit qu'il était le bienvenu ; le drame commencé allait finir comme finit une visite de cérémonie, par l'ennui.

Cependant une irritation sourde perçait dans l'accent de Henri. En arrivant chez Mme de Laignelant, il avait obéi à un sentiment tout spontané, à cette sorte de fièvre qui le poussait, et que connaissent tous ceux qui ont éprouvé ces terribles rechutes ; mais il ne s'attendait guère à se trouver en présence de ce mari qu'il avait jusqu'alors évité, car le marquis était toujours au tir avec M. de Téverin, ou chez cette belle Célestine, l'autre infidèle de Georges ; il ne rentrait guère que pour dîner et pour dormir.

« Je pensais bien que Georges était ici à renouer connaissance... avec vous, monsieur le marquis, disait Henri avec une politesse où l'ironie se cachait à peine, et j'ai pris la liberté de le venir chercher jusque chez vous. »

Il en eût dit bien davantage ; mais la pauvre femme leva sur lui un si triste et si douloureux regard d'étonnement, qu'il eut honte de sa lâcheté. Quant à Georges, les sourcils froncés et l'air menaçant, il se leva à demi; un geste de M. de Laignelant, qui depuis un instant semblait interroger les yeux de sa femme, le cloua sur sa chaise.

« Monsieur Hautoir, et vous, Georges, dit-il de ce ton solennel qui ne le quittait jamais, nous avons quelques personnes le jeudi, une soirée sans préméditation : voudrez-vous nous faire l'honneur de venir prendre une tasse de thé ? »

Une pâleur subite couvrit les joues de Henri, à l'idée que le voilà introduit dans la maison où il pourra voir la belle Élise ; il était à la fois heureux et bourrelé de remords ; il ne put que s'incliner en signe d'assentiment. Quant à Georges, il ébranla d'une vigoureuse secousse le poignet du marquis, encore tout étonné d'un si long discours, et lui répéta plusieurs fois de suite d'un ton pénétré :

« Parbleu ! de tout mon cœur. Parbleu ! parbleu !

« Double dindon de mari que tu es, pensa-t-il tout bas; à ton nez et à ta barbe, et en dépit d'Henri, qui se repent déjà d'avoir fait, une fois en sa vie, quelque chose pour moi, tu payeras les frais de la soirée; sois-en sûr.

L'altération des traits de Henri n'avait point échappé à la Calabraise. Avec la rapidité de l'éclair, elle entrevit l'ombre de Mme de Marnebois, le passé d'Henri, et elle eut le vertige. Par une détermination plus prompte que la pensée, elle se levait déjà, les mains jointes, prête à se perdre et à crier à Henri : *N'y viens pas ! n'y viens pas !* quand tout à coup la porte s'ouvrit, et un domestique annonça d'une voix éclatante : « Monsieur et Madame Marnebois ! »

Ce fut un coup de théâtre. Une satisfaction soudaine se répandit sur le visage de Georges. M. de Laignelant tendit son long cou de cigogne par-dessus les deux jeunes gens et chercha d'un œil inquiet s'il n'apercevrait point M. de Téverin derrière les nouveaux venus. Quant à Henri, assis dans un fauteuil, il restait là la tête affaissée sur sa poitrine et sentant son cœur bondir à se briser. C'était la première fois qu'il se trouvait face à face avec Élise depuis le mariage de la jeune fille, et toutes les sensations de l'âme humaine, l'angoisse, l'épouvante, la terreur, la joie, le délire, la sainte extase de l'amour, vinrent l'assaillir en même temps. Mme de Laignelant plongeait d'un regard épouvanté dans les souffrances de ce jeune homme, qu'elle avait rejeté d'un seul mot dans les amours d'autrefois.

Cependant, après quelques instants de confusion, chacun s'était assis, et une conversation à double et à triple sens, aidée de ces regards prompts et furtifs qui commentent si bien une phrase, un geste, un sourire, ne suffisait encore que bien imparfaitement à l'échange des pensées. Mme de Marnebois avait reconnu, à moins que rien, à l'invisible phosphore qui entoure la personne aimée, le premier amour de son cher Henri! Mais à la vue de ce visage pâle et souffreteux où l'inquiétude et le chagrin avaient déjà laissé des traces; à la vue de ces cheveux longs et mous, tombant le long de ces joues amaigries, ornement sans vigueur, sans éclat et sans vie, cheveux qui tombent sans blanchir, elle sentit que l'illusion s'en allait tout là-bas, à tire d'ailes, dans le pays des chimères. Hélas! Ce n'était plus là le robuste et hardi jeune homme si fort et si adroit, qui portait sur son visage de vingt ans la couleur et le ferme velouté de la pêche; c'était un triste et maigre enfant dont la figure livide, privée maintenant de l'animation factice du bal, portait l'empreinte de fatigues sans nombre et d'un affaissement prématuré. Ainsi donc ce qui avait séduit la nature passionnée et poétique de la Calabraise était précisément ce qui ruinait Henri dans l'esprit d'Élise ; le Henri d'autrefois, l'étourdi furibond, le dompteur de chevaux et de jeunes cœurs, c'en était fait, il était mort. Plus de phosphore ! plus rien ! Quelque chose a soufflé sur l'amour de cette femme, cet amour est éteint à jamais. En revanche, ce Georges séduisant et rebondi, voilà un homme ! Cela est fort, cela est vif, cela résiste, cela n'est pas rêveur, mélancolique, pâle, triste, anéanti dans une contemplation fiévreuse. Si bien que de Henri, les regards de Mme Élise se portaient sur l'ami Georges. O ces misérables cœurs ! ne s'entendront-ils donc jamais ?

Dans cette longue visite, ou plutôt dans cette longue torture de son cœur et de son âme, Mme de Laignelant fut héroïque. Par un de ces efforts surhumains que seul peut expliquer l'amour, tout en faisant à ravir les honneurs de chez elle, la jeune femme suivait d'un œil attentif chacun des mouvements de Mme de Marnebois et de Henri ; jalouse, elle lisait sur la figure si fine et si habilement composée de Mme de Marnebois chacune des pensées qu'Élise s'avouait à peine à elle-même, et elle comprenait que Henri s'engageait dans une voie fatale, où il ne devait rencontrer que douleur pour elle et pour lui. Alors la belle martyre, soutenue par un céleste espoir, versait ses pleurs au dedans d'elle-même, s'efforçant de rester belle et d'attendre ainsi que l'heure du retour sonnât une fois encore, en dût-elle mourir après.

Quant à Georges, qui à la faveur du désordre s'était approché du fauteuil de la dame, Georges était radieux.

IV

Les choses parurent d'abord s'arranger au gré de chacun. Henri et Mme de Marnebois suivirent de nouveau ces pentes fleuries de l'amour, qu'ils avaient désertées depuis si longtemps; de leur côté la Calabraise et Georges se retrouvèrent comme ils s'étaient rencontrés un an auparavant, quand ils avaient tant de choses à se dire, elle se laissant aimer, et n'aimant personne au monde que Henri; lui patient, résigné et, faute de mieux, vivant d'espérance.

Mais fiez-vous aux apparences du monde, appuyez un peu sur cette glace fragile! Vous pensez déjà qu'Élise et Henri, à présent qu'ils se sont retrouvés, se sont mis à s'aimer comme au temps où ils se disputaient si fort. Entre elle et lui la dispute n'est pas éteinte, mais la fantaisie est morte. En vain Élise a voulu souffler sur les cendres de son amour, sous ces cendres froides elle n'a trouvé que des charbons éteints. Maintenant aux risques et périls de son cœur, il éprouvait cruellement, ce jeune homme pour qui l'expérience avait été sans fruits, le passé sans leçon, que toute erreur humaine foudroie toujours quelque chose en nous, et que c'est en vain que le front reste jeune quand le cœur a vieilli ; lui, Henri, trahi à vingt ans par une femme, il espérait quelques mois plus tard, quand un hasard fatal rejetait cette femme sur sa route, qu'elle pourrait redevenir pour lui, elle aussi, la pure et virginale idole de son premier amour ; il avait, l'insensé, sacrifié à cette illusion stérile le dévouement profond de la Calabraise, et le repos si chèrement acheté que lui laissaient enfin ses souvenirs.

Mme de Marnebois, de son côté, par un étrange sentiment de pudeur et de devoir, quelque bizarres que paraissent ces mots dans de telles circonstances, comprenant que c'était elle qui était venue au-devant de Henri dans un de ces moments où elle suivait le fol élan de son âme oisive encore, elle se disait qu'une compensation était bien due à ce pauvre cœur ainsi crucifié par elle;

si bien, mais en vain, qu'elle s'était efforcée de lui revenir tout entière et sans retour. La malheureuse! elle avait combattu de toutes ses forces le caprice impérieux qui la poussait vers ce gros jeune homme; elle s'était efforcée d'imposer silence à cette voix de la trahison qu'elle n'avait déjà que trop écoutée. Vains efforts, vain espoir.

Cependant au plus fort de ces luttes misérables, le caractère de Henri avait contracté une sorte d'irritabilité maladive qui l'eût rendu fatigant, même pour une âme mieux aimante; le caractère de Mme de Marnebois, toujours aussi fantasque, ne s'était point égalisé dans ce laminoir de l'habitude et de l'obéissance conjugale; elle était restée l'inégale et l'impérieuse Élise des premiers jours; moins que jamais elle était en humeur de se plier aux exigences d'un caractère impérieux et difficile. C'était donc entre elle et lui des scènes continuelles impatiemment supportées de part et d'autre; des ruptures fréquentes, des colères comprimées succédant sans relâche à des réconciliations que le vent emportait comme il emporte des feuilles d'automne tombées de l'arbre. Pour cette douce escrime des querelles, des trahisons, des mensonges, des larmes, des prières, des pardons, et des cheveux qu'on se demande et qu'on s'arrache, pour les portraits brisés aujourd'hui qu'il faut réparer le lendemain, pour ces baisers, pour ces morsures, pour ce rude et charmant duel de la passion, armes amoureuses et courtoises, non, il n'y a rien de tel que d'avoir vingt ans !

Un soir d'automne une pluie froide et fine, glace fondue sous le nuage, battait les vitres ; Mme de Laignelant, triste, amaigrie, les lèvres pâles, le front penché, écoutait avec un involontaire frisson la lugubre complainte du vent au dehors.

La lampe qui projetait sa brûlante clarté sur ce beau visage pensif, laissait dans l'ombre tout le reste du vaste salon. Dans un fauteuil, plutôt couché qu'il n'était assis, notre ami Georges faisait cent mille efforts surnaturels pour combattre l'ennui et le sommeil. Vous avez connu cela, vous autres, ces longues et interminables heures passées à côté d'une belle nonchalante ; vous vous êtes assis près d'un bon feu, vos pieds reposent sur un tapis moelleux, vos yeux sur une tête divine ; tout est calme, repos, secret, causerie au dedans ; au dehors le vent, le froid, la bise, la pluie glaciale, la nuit profonde... Eh bien ! vous donneriez votre âme pour être dans la rue les pieds dans l'eau, la tête aussi, glacé, mais seul, mais libre, mais à vous-même, mais dégagé. Quel abominable ennui d'interroger qui ne répond pas, ou de répondre à tout autre chose qu'à la pensée de votre tête ou de votre cœur !

Il y a dans la vie des moments où, fatigué de tout, le cœur ainsi que les petits oiseaux, la tête hors du nid, attend son salut d'un messager aérien, ou colombe ou vautour. Mme de Laignelant en était là. L'agitation inquiète et douloureuse que la tempête communiquait à ses nerfs, ses lugubres pressentiments, la tenaient attentive à la moindre rumeur du dehors. Des visions étranges passaient par instants devant ses yeux lassés ; aux battements précipités de son cœur, elle sentait que quelque chose de solennel s'approchait ; elle n'avait point revu Henri, ni entendu parler de lui depuis trois mois, et cependant elle le sentait venir ; elle avait hâte d'être seule. Jamais Georges ne lui avait si horriblement pesé ; quant à Georges, toujours là, toujours l'obsédant de sa présence, mais au fond infiniment plus épris des lestes et accortes façons de Mme de Marnebois que de la figure souffrante de la Calabraise, il était là, comme pour l'acquit de sa conscience, et sans se douter combien on eût entendu avec joie ce mot si triste et si charmant : *Bonsoir !*

Tout à coup des pas rapides retentissent dans les pièces voisines ; les portes, ouvertes et fermées avec violence, attestent, par leur fracas, l'irritation ou l'empressement de celui qui arrive; bientôt, semblable à Edgar de Ravenswood, dans la *Fiancée de Lammermoor*, défait, les yeux étincelants, et dans le désordre d'une magnifique et fébrile folie, Henri parut dans le salon !

Elle alors, la malheureuse femme, éperdue, tremblante, tenant sa tête à deux mains, elle se renversa dans son fauteuil en poussant un cri étouffé. Georges se leva en proie à une sorte de stupeur. La scène était grande et sérieuse ; la passion de l'un des personnages poétisait les deux autres. Mais Henri, d'une voix douce et brisée :

« Ne craignez rien, Madame, lui dit-il, pauvre ange que j'ai si lâchement trahie; ne craignez rien, ma sœur. Ne craignez rien non plus, Georges, et n'ayez point d'effroi de me voir à cette heure, hagard, haletant, vaincu par la douleur, la honte et la colère, bien que tu m'aies pris ma maîtresse, que j'aime et qui m'aimait. O ma pauvre Calabraise, ne rougis pas ; car, à l'heure qu'il est, c'est le cœur plein de reconnaissance, c'est à tes pieds que je voudrais pouvoir te dire : Je n'ai jamais aimé que toi ! »

Ceci dit, il la regardait comme on regarde le Dieu longtemps oublié après l'orage ; et cependant elle baissait les yeux. Lui alors, se tournant vers Georges : « Mon ami, lui dit-il, tu t'es trompé comme moi, et tu le reconnais enfin ; je le vois dans l'étonnement de ton regard, dans la pâleur de son visage inanimé! Si elle t'aimait, si elle t'avait aimé jamais, tu ne me regarderais pas ainsi, à cette heure, tu m'aurais déjà renversé sous tes pieds, car je suis faible, vaincu, terrassé maintenant ; mais elle ne t'aime pas, et tu ne l'aimes pas.... Il y a une autre femme, un autre amour pour toi, là-bas! Élise qui t'aime, et toi qui l'aimeras, vous avez deux âmes faites l'une pour l'autre, comme il y a ici deux âmes qui ne se sont pas comprises et qui étaient jumelles!

« Non, non, d'elle, vois-tu bien, Georges, — mais ne me regarde pas ainsi, comme si tu ne me comprenais pas, — de cette femme que j'aime, tout m'arrivait au cœur. Il y a un certain air qu'elle chantait souvent, et dont je ne puis entendre la première mesure. Il y a des choses d'elle qui resteront éternellement dans ma vie. Je ne puis voir, — c'en est à ce point-là, — sa fenêtre sombre et muette sans tressaillir, hélas! et sans souffrir ; je ne puis la voir illuminée et vivante, sans amertume et sans douleur ; mais, sur mon âme! je l'arracherai de mon souvenir, et j'expierai à vos pieds, Madame, à tes genoux, mon ange adoré, et mon erreur passée et mon fol abandon. »

Il s'avança alors, car jusque-là il s'était tenu immobile, et s'agenouillant devant la Calabraise qui, renversée et la tête penchée en arrière, laissait, dans un trouble inexprimable, pendre sur ses genoux ses mains entr'ouvertes, tandis que de grosses larmes roulaient sur ses joues décolorées, il posa sa tête sur ses genoux et il se mit à pleurer. Un silence profond remplaça cette soudaine explosion de ses douleurs.

Tout à coup, à un mouvement que fit Georges, assez embarrassé de sa contenance, Henri se retourna avec violence :

« Mais allez-vous-en donc, Monsieur! par le Ciel! Vous ferez-vous l'espion de mes larmes et l'écouteur de ma confession? Voilà une femme à demi morte, qui lève sa paupière éteinte pour vous conjurer de sortir, et vous restez là, stupidement et la face hébétée! Faut-il donc vous jeter dehors, Monsieur, pour que vous compreniez enfin? »

Georges s'avança vers la porte :

« Tu es malheureux, c'est pourquoi tu es injuste, Henri ; tu as méconnu lâchement pour moi, lâchement pour lui, ce cœur loyal qui t'aimait, et tu t'en venges sur moi, qui n'y pouvais rien. Tu l'as prise, elle que voici maintenant à demi morte, tu l'as prise et tu l'as quittée comme un jouet. Et maintenant que ton cœur flétri s'est lassé de tout, maintenant qu'inhabile à aimer, — impuissant à aimer ! — tu reviens vers elle, comme le taureau furieux pour l'enlever encore, la déchirer encore, tu menaces et tu cries comme un laquais en délire, parce qu'un homme restait là pour la protéger contre les brutalités d'un furieux ; tu combles ta funeste mesure. Adieu ; je m'en vais d'où tu viens, et d'où tu ne me chasseras plus, toi qui m'as trahi deux fois. »

Dès qu'il fut sorti, Henri, un instant stupéfait, s'arrangea comme un enfant aux pieds de Mme de Laignelant, et cachant de nouveau sa tête dans les plis abondants et soyeux de sa robe, il sembla attendre qu'elle lui parlât la première.

Au bout d'un instant d'attente, pendant lequel cette pauvre fille, elle aussi, put se dire comme l'héroïne de Corneille : *Tout beau, mon cœur !* tâchant de raffermir son courage, elle prit enfin la parole :

« Moi, t'en vouloir parce que tu t'es trompé, mettre encore le poids de ma plainte sur la souffrance de ton âme ! Ah ! pauvre cœur flétri que l'amour ne saurait guérir, et qui me tueras sans revivre jamais de ta vie passée, appuie-toi, appuie-toi toujours là, sur mon cœur ! O mon bonheur ! ô ma joie ! ô ma vie ! je t'ai bien pleuré ! » Puis elle pleurait, puis elle essuyait ses larmes, puis elle le regardait dans une étreinte convulsive. A la fin ses sanglots lui coupèrent la parole ; Henri pleurait aussi, et ces larmes, les plus douces de sa vie, soulageaient sa souffrance, comme si chacune d'elles eût été une goutte de sang qu'il perdait par une saignée salutaire ; il souriait dans ses pleurs et contait à la femme aimée, avec des enfantillages infinis, un enjouement plein de cette grâce souffrante des douces folies, ses illusions, ses rêves, ses derniers déchirements ; il lui peignait Mme de Marnebois, sa coquetterie, sa stérilité de cœur, sa nature avide de plaisir, inintelligente à cette communion des cœurs sans laquelle l'amour est si peu de chose ; mais tout cela sans amertume, sans violence, avec une mélancolie tendre et résignée La Calabraise l'écoutait, avidement appuyée sur lui, ses lèvres si près des siennes qu'elle sentait son souffle, cherchant avidement dans ses yeux ce diamant de l'amour que les femmes ne mettent point sur leur couronne, mais qu'elles renferment en leur cœur comme en un écrin. Tout à coup une pensée sinistre traversa ce beau rêve, son mari.

« Écoute, écoute, dit-elle avec un sursaut, tu me reviens las et meurtri ; eh bien ! fuyons tous deux ; fuyons ! Viens avec moi ; fuyons tout seuls.

Allons, viens-tu ? Allons à cet endroit de ton ciel natal où pour la première fois, sous cette haie de sureaux, dans le chemin creux..., ou bien ailleurs, où tu voudras, enfin ; mais fuyons ! Pas une heure, pas une minute, le temps presse, l'heure est mortelle. »

Elle allait et venait dans la chambre, égarée, faisant mille tours, passant auprès des choses, et faisant à la hâte quelques préparatifs incomplets.

Henri la regardait faire et ne remuait pas. Enfin, sous ses instances il se souleva :

« Toujours, toujours un ange ! dit-il en appuyant les lèvres sur ses yeux gonflés et brûlants, et en baisant tour à tour ces belles mains qu'il mouillait de ses larmes. Si tu le veux, partons ! »

Un bruit violent retentit à la porte. La Calabraise laissa échapper ce qu'elle tenait dans ses mains, et tomba sur un fauteuil comme foudroyée. Des voix retentissaient ; il était évident que M. de Laignelant luttait avec Georges. La figure de Henri prit une expression hautaine, et les yeux à demi clos, la tête haute, il s'appuya sur le mur, comme un vaillant soldat qu'on va fusiller et qui veut recevoir la mort en commandant le feu.

L'instant d'après, M. de Laignelant, en désordre par suite de la lutte qu'il venait de soutenir, parut sur le seuil. Georges, qui se tenait à distance, le regardait d'un air farouche et tout prêt à venir en aide à son ami.

« Monsieur Georges, dit-il, je venais ici pour vous y prendre. Voici une lettre anonyme, où l'on me dit : « M. Georges se venge du bon goût « de Mlle Célestine; veillez sur votre femme; » et moi, j'accourais pour vous prendre... je me suis trompé; il paraît que ce n'est pas de vous que j'ai à me venger.

— Monsieur de Laignelant, répondit Georges, je ne sais ce que vous voulez dire. La lettre anonyme est-elle, oui ou non, un mensonge, voilà la question; quoi qu'il en soit, si vous n'avez aucun compte à me demander, j'en ai un, moi, à régler avec vous, au sujet de la personne dont vous venez de parler, et je suis curieux de savoir si vous êtes aussi expert à l'épée qu'au pugilat. »

M. de Laignelant salua et ne répondit pas.

« Monsieur, dit-il enfin à Henri, votre vie est entre mes mains, et je pourrais vous tuer sur la place que la loi m'absoudrait.

— Mais, Monsieur, dit Henri en achevant sa pensée, vous ne voulez point vous venger d'une trahison par un assassinat. Fort bien, Monsieur, et je vous jure que votre vengeance n'y perdra rien. Je vous suis. »

Il jeta un dernier regard à la belle désolée, et il sortit à pas lents.

Le lendemain même, dans un recoin du bois tout mouillé, triste, sombre et froid, un pistolet à la main et le chapeau sur la tête, Henri et M. de Laignelant se rencontrèrent. Il était facile de voir, même avant le feu, que la balle de Laignelant était une balle exacte, obéissante, impitoyable, et que le frêle Henri était un homme mort. — Le coup qui frappa Henri tua la Calabraise. En quinze jours elle fut quitte de la vie. Quant à Georges, M. de Téverin et M. de Marnebois le réconcilièrent sans trop de peine avec M. de Laignelant, qui lui adressa de sincères excuses pour les injustes soupçons et quelques gestes peu parlementaires qui lui étaient échappés dans ce court engagement où Georges s'était si bien conduit.

Depuis ce temps, Mme de Marnebois, consolée de cet Henri qui l'ennuyait, égayée par la figure réjouissante et rebondie de son ami, Mme de Marnebois est fort heureuse et fort gaie ; quant à M. de Marnebois, il s'est véritablement épris de Georges, il le mène tous les jours au tir, et il lui donne des leçons de billard.

IPHIGÉNIE

C'est une histoire qui m'a été racontée par l'ami posthume d'Hoffmann [1], celui-là même qui le premier est allé chercher Hoffmann dans son cabaret, qui lui a donné un habit à la française, et qui, le prenant par la main, chancelant encore qu'il était, l'aimable ivrogne! l'a conduit au milieu de nous, avec ses admirables histoires d'artiste et de buveur. Il en est résulté pour Adolphe une excellente habitude d'ironie moqueuse et bonne enfant, au moyen de laquelle il a toujours à sa portée un drame ou un conte. C'est là un des grands fruits de sa longue société avec Hoffmann : il n'est pas moins Allemand que Français; il est amoureux

[1] Loëve Weymars.

passionné et conteur dans les deux langues. C'est un jeune homme qui rit toujours, même quand il est en colère, et qui donne à penser toujours, même quand il rit. Il m'a donc raconté cette histoire l'autre jour, à l'Opéra, sous le regard de la Taglioni, une histoire très-simple en apparence, mais dont les détails pourraient être charmants si j'avais vécu comme lui avec Hoffmann. Il me l'a donnée, vous dis-je, comme on donne cinq centimes à un pauvre qui passe, sans attendre qu'il vous réponde : « Merci ! »

Le héros de notre histoire s'en allait, par une belle et calme journée d'automne, à travers les forêts toutes parisiennes qui entourent la ville, élégantes forêts habillées comme pour le bal, parées, fêtées, les cheveux élégamment noués au sommet de la tête, le pied posé sur des tapis de mousse, le sourire à la bouche, l'éventail à la main. Une forêt parisienne, c'est un véritable salon de dandys et de bas-bleus; c'est un salon constitutionnel, pêle-mêle, où tous les rangs sont confondus, où tous les âges se heurtent, où toutes les générations se poussent. Le chêne à tête blanche et chauve, le Montmorency et le Bourbon de la forêt, est dépassé par le fastueux peuplier, parvenu de la veille, le Rothschild du carrefour. Le vieux hêtre, gentilhomme incorrigible et goguenard, voit pousser en ricanant le saule rampant et souple, pendant que l'élégante charmille appuie sa frêle épaule contre le sapin raboteux, célibataire débauché du carrefour.

Regardez dans la forêt, c'est la société, c'est le monde en grand : le buisson jaloux et stérile étouffe le chèvrefeuille odorant; le buis taillé en pyramide ne ressemble pas mal au jeune homme échappé de son collége; le saule pleureur, c'est le poëte élégiaque qui récite ses vers mollement assis dans un fauteuil. Tous les ridicules de la société parisienne, vous les rencontrez dans une forêt parisienne; toutes ses dissonances, tous ses amours, vous les y trouverez; il ne s'agit que de savoir s'y connaître un peu.

Mais Adolphe parcourait ces blondes allées sans songer à le regarder, ce monde fantastique, déjà échevelé sous les mains de l'automne. Le matin même il avait été surpris par un de ces tendres souvenirs que donne souvent le jeune homme à ses amours d'autrefois.

Il s'était levé heureux et fier de se trouver encore au fond de l'âme une passion, une lueur de passion, et il s'était mis en route avec sa passion, au galop, tantôt lui donnant de l'éperon dans le flanc, tantôt la laissant marcher mollement, et toujours heureux, jouant avec elle comme un habile écuyer joue avec un cheval arabe qu'il monte pour la première fois.

Le moyen aussi, mon cher Adolphe, et chevauchant comme tu faisais à travers les domaines de ton imagination poétique, le moyen de s'arrêter à regarder les arbres, les buissons, les charmilles, les saules pleureurs ou non pleureurs du grand chemin!

Il allait donc, tantôt haut, tantôt bas, au pas ou à la course, comme il voulait, comme il pouvait, et fort heureux en son cœur : car, voyez-vous, rien n'est beau et calme comme ce second printemps de l'amour; rien n'est doux et plaisant comme d'aller dire à une femme, une seconde fois : « Je t'aime! » Alors on est délivré des inquiétudes terribles des premières amours, des chances formidables d'un premier aveu. On a toute la nouveauté de la passion, sans avoir aucun de ses dangers. On est comme Christophe Colomb à son second voyage au monde qu'il a découvert : à présent il sait ce qui convient à ce monde de sa création, il sait comment les rendre heureux, ces hommes qu'il a trouvés sous le ciel et sous la voûte nue. Bien plus, il va la revoir toute nouvelle, lui tout nouveau ; mais il sait comment la prendre cette main délicate et blanche qu'à peine autrefois il osait toucher ; mais il sait comment lui parler, à cette femme dont le premier regard le rendit confus et muet; mais il sait comment on l'apaise sans l'irriter davantage, comment on la fait pleurer sans lui causer de grandes peines, comment on l'épouvante d'un seul mot; il sait sous quel jour elle est belle et quelle fleur elle aime, et quel accent de voix et quel silence lui vont au cœur. Il sait tout cela et il confond le passé, le présent, l'avenir, et ses amours d'autrefois tendent la main à ses amours présentes, et, le plaçant au milieu d'elles comme un frère au milieu de ses deux sœurs, elles l'entraînent çà et là, pleurant, échevelées, rieuses. Il n'a plus qu'à obéir.

Vraiment, les amours qu'on se fait à soi tout seul, ce sont là les vraies amours; les femmes que l'on se forme dans son cœur, ce sont là les femmes véritables. L'histoire du sculpteur antique n'est pas une fable : chacun de nous a dans son âme le bloc de marbre d'où Galatée peut sortir. Il s'agit de découvrir Galatée sous le marbre. Oh mais! quand elle est découverte, l'aimable enfant, avec quelle joie on s'en empare! avec quels transports on la fait sienne! comme on se plaît à la parer, à l'animer, à la voir, à l'entourer de bruit, à l'entourer de parfums, de silence et d'amour! Et puis il arrive que lorsqu'elle est parfaite, la Galatée, les ailes lui poussent comme à un ange, et elle s'en va, vous rejetant de son pied dans l'épais royaume du positif.

Adieu donc, ô ma Galatée! Adieu mon cygne aux ailes d'argent, et qui chantait tous les jours pour la dernière fois! Adolphe courait donc après Galatée, la Galatée qu'il s'était faite dans ses beaux jours, le marbre de Paros qu'il avait animé sous son souffle et sous son cœur de dix-sept ans. Elle avait fui bien loin, la cruelle, elle s'en était allée bien loin, elle l'avait abandonné longtemps au milieu des affaires, des plaisirs, des honneurs, du drame et de la poésie de tout le monde. Mais enfin, descendue sur un blanc rayon de soleil, elle lui était apparue plus jeune et plus souriante que jamais; il l'avait aperçue, sa Galatée, à travers le prisme d'automne et montrant son sein nu, à peine caché par la feuille jaunie; elle lui avait tendu les bras avec un sourire gracieux, comme elle les tendait à lui enfant. Et à présent, lui jeune homme, lui homme fait, il courait après elle, la suivant à l'éclat et au parfum de sa robe, et à sa démarche de déesse, comme le héros de l'*Énéide*.

Il arriva ainsi, la suivant toujours, jusqu'à la maison qu'elle habite dans les bois; il allait frapper à la porte, mais la porte s'ouvrit, et il la vit non pas telle qu'il l'avait rêvée le matin, mais telle qu'elle était devenue, la belle fille : il la vit épanouie, rebondie, accorte, l'œil assuré, le sourire aussi, bienveillante toujours. Pendant qu'il était devenu un homme, elle était devenue une femme ; elle avait un peu descendu depuis le premier jour, de jeune fille qu'elle était, elle était devenue une femme, puis elle avait encore un peu déchu de son rang de femme, elle s'était laissé faire marquise. Ce qui l'avait relevée un peu de son état de marquise, c'est qu'elle était mère d'un enfant blond, comme elle était blonde autrefois ; mais à tout prendre, elle était si peu changée, qu'elle reconnut Adolphe au premier coup d'œil.

« D'où viens-tu, lui dit-elle, et que je t'ai attendu longtemps ! Sois le bienvenu, Adolphe, sois le bienvenu : je t'attendais aujourd'hui, la journée est si belle ! »

Lui cependant la dévorait des regards et de l'âme, et il ne put lui dire que ce mot en lui baisant les mains :

« Galatée !

— Oh ! dit-elle, je ne suis plus Galatée, ton pauvre morceau de marbre sans souvenirs ; je suis une femme qui se souvient et qui t'aime par le souvenir, comme on s'aime dans le ciel. Galatée est descendue de son piédestal pour entrer dans le monde ; je suis de niveau avec le monde aujourd'hui, j'ai perdu mon piédestal, Adolphe ! »

Disant ces mots, ses beaux yeux se couvrirent d'un nuage et ses longs cils croisés projetaient une ombre légère sur son regard de feu.

« Et n'as-tu jamais regretté ton piédestal, ma jolie Clara? » dit Adolphe, car il lui donnait alors son nom de mortelle, la voyant descendue de la poésie où il l'avait vue placée d'abord.

« Je l'ai regretté souvent, Adolphe, très-souvent, ce piédestal sur lequel tu t'agenouillais à mes pieds, avide d'amour. Que de fois tu l'avais baigné de tes larmes! que de fois tu l'avais brûlé de tes baisers! C'est de mon piédestal que m'est venue la vie; le feu de tes lèvres a passé de mes pieds à mon cœur, et tu me demandes si je pleure! Mais n'y pensons plus, veux-tu? » En même temps elle versait une larme de regret.

« Vous avez raison, Madame, lui dit Adolphe, vous avez raison de le regretter, ce beau piédestal; à présent que nous sommes de niveau, vous et moi, comment pourrai-je vous adorer, Galatée? A présent que vous êtes descendue à ma hauteur, comment pourrai-je m'agenouiller devant vous, Galatée?

— Tais-toi, tais-toi! dit-elle; sortons. Puisque nous sommes de niveau, marchons ensemble; puisque je suis ton égale, donne-moi ton bras, ton bras gauche, près du cœur. »

Et ils sortaient ensemble, quand la petite fille les suivit.

« Maman, dit-elle, je vais avec toi, n'est-ce pas ? »

Adolphe se tenait sur le seuil de la porte, quand il vit cet enfant qui venait. Il baissa la tête, encore plus affligé qu'à la perte du piédestal. Clara le comprit, et elle dit à l'enfant :

« Prends ton cerf-volant, ma fille. »

L'enfant prit son cerf-volant, Adolphe reprit le bras de Clara, et ils entrèrent dans le jardin. L'enfant chercha un peu de vent dans l'air, Adolphe et Clara cherchèrent un banc de mousse, un piédestal champêtre, moins que rien.

Et peu à peu elle devint si tendre et si bonne, elle trouva tant de souvenirs à ses ordres, elle lui parla avec tant de douces paroles et tant de silence, qu'elle reprit toute sa hauteur, qu'il fut à genoux devant elle, qu'il retrouva sa Galatée comme elle était quand il l'anima par un souffle.

Ne désespérez jamais des femmes : elles ont beau descendre de la hauteur où la passion les place, elles auront beau devenir marquises et mères de famille, elles sauront toujours au besoin trouver un piédestal, quel qu'il soit, bloc de marbre ou banc de gazon.

Mais, cette fois, le gazon fragile s'affaissa encore plus tôt que le marbre; mais cette fois Clara était trop au niveau du monde pour que le monde la laissât libre et tranquille sur ce piédestal factice. La passion est entourée de mille exigences; une fois déplacée, elle est en lutte perpétuelle avec le monde. Dès que la jeune fille faite pour l'amour se jette dans l'ambition, il faut que l'ambition tue l'amour : c'est ce qui arriva encore ce jour-là. Clara fut surprise sur son piédestal par le monde pour lequel elle l'avait abandonné. Le monde est comme ces imans jaloux qui surveillent la conduite des nouveaux convertis, sauf à leur faire subir le dernier supplice s'ils sont renégats deux fois. Le monde accourut donc dans les jardins de Clara, et croyait y trouver Clara : il trouva Galatée. Il la trouva sur son piédestal : il est si jaloux, et si cruel, et si curieux, le monde!

Surprise ainsi, Galatée rougit un peu, comme rougit l'apostat surpris au pied de l'autel. Adolphe, la voyant rougir de sa passion, retomba tout entier dans le monde.

« Madame la marquise est montée sur ce banc, dit-il, parce que le vent dérangeait ses cheveux. » Et notez bien qu'elle avait ses cheveux en bandeaux sur le front, et que le vent eût glissé sur ces cheveux lisses et polis sans en déranger un seul.

Mais le monde se contenta des explications d'Adolphe, homme du monde; il lui suffisait d'ailleurs que Galatée redevînt marquise au premier ordre, et qu'elle retombât du banc de gazon où elle s'était placée un instant, l'orgueilleuse! pour venir s'asseoir sur un sofa doré de son salon.

Ils en étaient là, tous s'observant du fond de l'âme, quand l'enfant revint son cerf-volant à la main. Le cerf-volant avait les ailes basses, l'air triste et humilié.

« Mon cerf-volant ne veut pas voler, ma mère, dit l'enfant; il n'y a pas le moindre zéphyr dans le jardin. »

Pour cette fois, la marquise devint rouge tout à fait. Surprise dans sa passion, elle avait été peu déconcertée; surprise dans son excuse, elle se sentit prête à défaillir.

Adolphe aussi. Il se croyait quitte avec le monde; il lui avait expliqué sa passion à sa manière, le monde devait être satisfait. Mais cet enfant et ce cerf-volant sans zéphyr avaient dérangé toute son excuse. Si le vent n'avait pas pu soulever ce frêle morceau de carton soutenu par ses deux ailes, comment pourrait-il déranger cette chevelure. Le monde se taisait, et quand le monde se tait, c'est toujours pour faire le plus éloquent commentaire, croyez-moi.

Adolphe se leva, et partit désespéré d'avoir perdu Galatée, laissant la femme du monde aux prises avec le monde, et levant la main au ciel pour voir d'où le vent venait.

Et en revenant cette fois avec lui-même, cette fois tout seul, cette fois découragé, il comprit combien c'est un rêve fâcheux que le rêve des anciennes amours; comment l'idéal n'a qu'une heure, comment le piédestal du marbre le plus dur, une fois brisé, ne peut jamais se reconstruire; et combien c'est chose futile qu'un amour qu'un cerf-volant peut déranger!

Pauvre homme! il s'abandonna à ce désespoir tant qu'il put aller! Comment ne s'est-il pas souvenu du siége de Troie, et de l'enfant d'Agamemnon menacé par Calchas pour un peu moins de vent qu'il n'en fallait au cerf-volant de Clara!

LE
RÊVE D'UNE GRISETTE

Il était midi, le soleil frappait de toute la force de ses rayons sur les vitraux de la mansarde; tout était calme et silencieux, et la jeune grisette recommença pour la millième fois peut-être un de ces rêves qu'on fait tout éveillé et que le bon La Fontaine a chantés avec tant de grâce et de naïveté.

D'abord elle retranchait à chacune de ses semaines deux grandes journées de travail; dans ces deux jours dont elle embellissait sa vie, elle s'entourait de tous les plaisirs de son âge; elle se donnait libéralement tous les trois mois une robe neuve avec une ceinture flottante et quelque beau cachemire Ternaux. Ainsi parée, elle allait à Meudon par le bateau à vapeur et ne revenait que bien tard, sans avoir peur, à son retour, de trouver son portier couché, ou d'être grondée par sa mère. Bientôt après, la robe neuve tous les trois mois, la ceinture flottante, le bateau à vapeur, Meudon et son ombrage frais et ces deux longues journées sans travail n'étaient plus d'assez grands biens pour cette ardente ambition. Il lui fallait à présent une robe de soie à l'immense garniture, un chapeau de paille d'Italie avec des fleurs élégantes et un long voile vert; il fallait même un beau collier de corail pour faire ressortir la blancheur de ce cou d'ivoire, et, déjà grande dame, notre aimable grisette prenait la résolution de ne plus faire de robes que pour elle, de ne plus broder qu'à son usage ces gazes précieuses si favorables à un beau sein.

Cependant ce cinquième étage paraissait bien dur à monter; cette porte basse, dont les ais mal joints donnaient passage à tous les vents, n'était plus assez forte pour défendre tant de parures. Adieu donc la paisible retraite, adieu ce simple lit et ces murs tout nus ornés de ces bonnes estampes de Charlet, adieu ce bon morceau de glace de Venise artistement ciselé sur tous les bords, adieu ces volumes incomplets d'un roman inachevé, adieu toute la richesse de la cellule : ma grande dame déménage; la voici trois étages plus bas, porte à porte avec la femme du boulanger. Cette fois nous avons deux belles chambres avec de beaux meubles en noyer, une large glace et quelque vaste armoire où se cache le manteau pour l'hiver.

Cette fois nous voilà maîtresse de nous-même, avec un habile coiffeur tous les trois jours ; à présent enfin nous pouvons, dans la journée, nous arrêter à loisir devant les riches magasins de la rue Vivienne, contempler de toute notre âme ces élégants tissus, ces parures charmantes, ces bijoux étincelants ; et, le soir, sans avoir peur de voir notre lampe s'éteindre, nous pouvons lire jusqu'à minuit les romans terribles d'Auguste Lafontaine, ou les histoires sans fin de Paul de Kock, si admirablement entremêlées de soldats, d'originaux et d'aventures délicieuses dans les cabarets ou chez les restaurateurs. Mais le lendemain, les yeux appesantis par cette longue lecture, la jeune fille s'aperçoit qu'elle ne peut plus s'habiller seule et qu'il lui faut absolument une intelligente soubrette, vive, alerte, légère, honnête surtout, fidèle et discrète : elle choisira donc une jeune villageoise, elle lui donnera ses robes à moitié fanées, elle se fera un plaisir de l'élever, de lui montrer les usages du grand monde. Pour peu que vous l'interrogiez, elle vous dira à l'avance les moindres qualités, les moindres défauts de sa suivante, et jusqu'au malheureux événement qui la forcera de la renvoyer.

Cette servante une fois chassée, Madame a compris qu'un domestique mâle ferait mieux son affaire. Un homme est plus fort et plus honnête. D'ailleurs, ce sera une économie : il frottera le salon, il remontera la pendule, il servira à table, une serviette blanche sous le bras ; il accompagnera sa maîtresse dans les rues à deux pas de distance ; même il s'appellera Comtois, il aura une livrée jaune avec des bas blancs, et un soir il se fera brûler la cervelle pour sauver sa jeune maîtresse, au moment où elle allait être enlevée par un grand seigneur de la Cour.

En effet, depuis qu'elle habite la rue de Rivoli et le premier étage d'un grand hôtel ; depuis qu'elle a un suisse à sa porte, une toilette en acajou et une glace dans son alcôve ; depuis que, le matin, Madame se tient en peignoir brodé vis-à-vis une large psyché, Madame fait des passions étonnantes. Tantôt c'est un vieux seigneur allemand que sa froideur renvoie dans ses terres ; tantôt un jeune colonel français qui, désespéré, va se faire roi en Amérique. Un autre jour, lord

Wellington lui-même se prosterne aux pieds de la cruelle. Mais toutes ces démonstrations amoureuses la touchent peu. Elle a vraiment d'autres projets en tête; elle s'esquive donc de son hôtel par une porte dérobée, et, laissant dans son antichambre la foule de ses adorateurs, elle va tout simplement débuter au Théâtre-Français.

Vous concevez bien qu'elle est trop modeste pour vouloir lutter avec Mlle Mars. D'ailleurs, ses yeux vifs, son nez retroussé, sa petite bouche, tout l'ensemble de sa personne lui dit assez qu'elle est faite pour les rôles de soubrettes. La voilà donc étudiant ses rôles, créant ses costumes, se mettant l'esprit à la torture pour apprendre à bien se présenter et à bien dire. Enfin, le jour de ses débuts est arrivé. On se tue à la porte; c'est à peine si elle peut entrer, elle que tout Paris veut admirer; et, dès qu'elle paraît, dès qu'elle parle, à son moindre geste, c'est de toutes parts un tonnerre d'applaudissements si forts que M. Michelot est obligé de venir prier le public de ne pas tant applaudir, parce qu'il briserait les banquettes.

Ainsi, la voilà devenue la première actrice de Paris. Toute la littérature l'entoure; elle protége, elle corrige, elle loue, elle blâme, elle donne à dîner. Casimir Delavigne la consulte, et il lui offre même de l'épouser, ce qu'elle refuse assez durement. Bientôt elle veut que la province jouisse de ses talents; elle va les porter à Bruxelles, à Pontoise, à Saint-Pétersbourg. Là elle daigne enfin épouser, par convenance, un des bâtards de l'empereur, qui la fait duchesse et lui donne une belle place à la Cour.

De Saint-Pétersbourg, j'ignore si la jeune fille ne serait même pas allée chez le Grand Seigneur; mais je ne sais quel bruit vint achever trop tôt ce roman à peine commencé. Tout effrayée du peu d'ouvrage qu'elle avait fait, la pauvre enfant se remet à sa tâche sans avoir pensé un instant aux seuls biens qui fussent à sa portée, au bonheur d'aimer et d'être aimée.

Je vous dirai même que la friponne, jetant un coup d'œil satisfait sur son miroir, se prit à sourire légèrement, comme s'il y avait dans l'avenir quelque réalité possible à ces chimères.

LES
INSOMNIES D'EUTYPHRON

Qui pourrait dire, ô dieux et déesses! tous les travaux accomplis par mon bras, surmontés par mon courage? Hélas! malheur sur moi, qui me meurs enveloppé de ce tissu ourdi par la main des Furies; il s'attache à mon flanc, il déchire mes entrailles et tarit les sources de ma vie. Ainsi mon sang s'épuise et mon corps se consume en proie à l'horrible fléau. Tous les efforts des monstres dont j'ai purgé la terre, et le Centaure, et les géants, et tant de nations barbares reléguées aux bornes du monde, n'ont pas inventé de supplice égal à cette robe de Déjanire. Voilà par quels discours, empruntés aux *Trachiniennes* de Sophocle, un des rhéteurs de la ville d'Athènes, Eutyphron, exhalait sa

plainte et s'efforçait de soulager le mal dont il était
dévoré. Quand il avait bien épuisé les douleurs
d'Hercule au mont Œta et l'éloquence de Sophocle, il allait au vieil Eschyle, et, rencontrant
Prométhée au sommet du Caucase, sous la griffe
ardente du vautour, Eutyphron récitait les plaintes
de Prométhée : « O supplice ! ô misère attachée à
mon foie ! Il revient chaque jour, le terrible vautour, ressaisir sa proie éternellement renaissante.
En vain j'appelle à mon aide la mort toute-puissante, elle est sourde, et mon corps, livré à cette horrible pâture, sous les ardeurs d'un soleil dévorant,
trempe goutte à goutte les rochers du Caucase ! »

Aux plaintes du malheureux Eutyphron accourut enfin Mercure, le dieu des fêtes et des funérailles. Il avait adopté la maison du rhéteur, son
ami, pour y déposer, à son retour des sombres
bords, son caducée et ses ailes, de la couleur du
Ténare. Aussitôt qu'il avait fait passer le Styx, par
qui les dieux eux-mêmes n'oseraient se parjurer,
à toutes ces âmes confiées à sa garde, il redevenait moins qu'un dieu, plus qu'un homme, et s'en
allait chercher les aventures d'ici-bas, parfaitement oublieux des vents, des nuées, des courants
rapides, des flots bruyants de la mer, du fleuve
neuf fois replié sur lui-même, et des mauvaises
réceptions de Pluton.

« Me voilà, dit le dieu à ce pauvre Athénien tout perclus par le rhumatisme ; allons, parle, on t'écoute, et réponds vite ; j'ai hâte de rentrer dans la vie et d'admirer l'éclat doré du soleil. »

Alors Eutyphron, retenant sa plainte :

« Ami, dit-il, tu sais si je suis un citoyen paisible, un homme innocent ; si j'ai vécu dans une condition privée et loin des affaires publiques, sans jamais songer aux commandements, aux magistratures, aux fonctions d'orateur, à toute espèce de dignités ! Voilà pourquoi je ne comprends rien à la mauvaise humeur de Jupiter Hospitalier, de Jupiter Conservateur. Il m'accable en ce moment de toutes les peines ; j'étais si libre et si content naguère dans mon petit enclos, parmi mes livres, calme et bien portant, riche et sage à la fois. Tout à coup un dieu ennemi m'a soufflé je ne sais quelle ambition d'entrer, avant de mourir, dans l'Aréopage, et de me mêler à la foule heureuse et glorieuse des poëtes, des orateurs, des romanciers, des philosophes, des beaux esprits adoptés de Minerve. Insensé ! Malheureux que j'étais ! L'Aréopage à mon aspect a fermé ses portes, il n'a pas voulu m'entendre ; à peine s'est-il inquiété de l'humble nom que j'ai gagné par quarante ans de labeurs, et je suis rentré chez moi plein de honte et de tristesse. Au même instant j'ai senti retomber sur ma tête innocente tous les malheurs que peut contenir ce terrible tonneau de Jupiter où sont renfermées toutes nos misères, et me voilà, moi l'habitué des fertiles jardins de Cythérée, étendu sur ce lit d'insomnie où je subis tout ensemble et le vautour de Prométhée et la robe de Déjanire. En vain j'invoque Apollon, qui sait guérir tous les maux des mortels en y appliquant le remède ; en vain j'appelle à mon secours Chiron le Centaure, habile à mêler l'huile aux sucs salutaires : Apollon est sourd à mes vœux ; le Centaure a répondu qu'il n'y avait pas de remède à mon mal. Hélas ! je suis perdu, je suis perdu ! Plus d'espoir, plus de récompense, et plus de chansons sur ma flûte ingénue. O dieux et déesses ! j'ai perdu le bruit charmant des paroles sonores ; je ne reverrai plus Agrigente et ses belles campagnes ; je n'irai plus labourer dans le champ des Muses, en marchant vers le temple de Delphes... Me voilà tout courbé sous la main de fer de la nécessité. »

A ce discours d'Eutyphron son hôte, le bon Mercure se trouva, chose étrange, attentif et touché.

« Mon pauvre ami, dit-il à l'infortuné qui se tordait sous la douleur, ne sais-tu donc pas que les dieux eux-mêmes ne pourraient dire le nombre infini des maux dont les hommes sont tourmentés ? Les deux tonneaux qui contiennent les prospérités et les colères de Jupiter, pas un mortel n'en verra le fond. C'est la volonté des dieux; à chacun sa peine : ils ont châtié le divin Esculape, qui avait osé ressusciter le jeune Hippolyte. Apprends donc à souffrir avec constance; obéis au temps; évite l'excès même de la plainte; maintiens ton âme, et rappelle-toi que celui-là qui met la mort au nombre des maux se condamne à la redouter toute sa vie. Enfin, triste ambitieux des plus difficiles honneurs, de quel droit as-tu donc oublié cette modération, compagne de la justice, qui jusqu'alors te servait de rempart? Comment donc! le sort t'avait fait citoyen d'une ville si grande et d'un si bon renom pour sa sagesse et sa puissance, au milieu d'une patrie honorée, honorable; enfant, tu avais suivi, à la même heure, l'école du Portique et celle d'Aristote, entouré des souvenirs et des exemples de tant de grands hommes : Polémon, Xénocrate et Crantor; tu vivais en homme libre, uniquement occupé de plaire à peu de gens, de cultiver ton intelligence et d'obéir à tes honnêtes passions... Tout à coup, tu renonces à tant de bienfaits pour courir après des grandeurs qui t'évitent; et quand tu rentres en ton logis, au premier mal qui te frappe en châtiment de ton ambition, on n'entend que ta plainte au fond des Enfers! N'es-tu pas honteux de ta faiblesse? A quoi donc t'ont servi les leçons de Zénon ton maître? Où donc est ta patience, et qu'as-tu fait de ton courage? Enfin, te voilà bien avancé, quand tu nous auras rompu la tête à réciter les vers des poëtes, ces hommes dangereux que Platon chasse à bon droit de sa république! Oh! faible corps! mais surtout esprit malade, âme accablée! Il te manque, Eutyphron, la santé morale; il te manque une âme incapable de fléchir. Certes Philoctète était malade, et cependant, quand tu l'entends se plaindre et pousser des gémissements de Vénus blessée par Diomède, es-tu donc tenté de le plaindre? Il se porte aussi bien que toi, Philoctète; il ne souffre que d'un pied. Ses yeux, sa tête, ses entrailles, ses poumons, tout va bien, mais son courage est à bout comme le tien, et lui et toi, vous n'êtes guère dignes de sympathie et de respect.

« Cependant tu n'auras pas invoqué vainement l'amitié que je te porte, et quand je devrais m'attirer la colère de Jupiter, qui n'en saura rien, je puis du moins te donner cette allégeance. Écoute. Avant demain, quand tu auras bien étudié cette douleur triste, dure et fâcheuse, contre nature, et difficile à supporter, j'en conviens (Mercure, ainsi parlant, caressait ses talons luisants comme un marbre), tu seras le maître de t'en défaire, au hasard, si tu veux, sur le premier venu ou mieux encore, en choisissant ta victime, et surtout te souvenant qu'il y a quelque chose de pire ici-bas que la douleur : c'est la honte. »

Ayant ainsi parlé, Mercure, ami des vivants, gardien des morts, s'échappe, oubliant dans un coin les attributs de sa divinité.

Resté seul, en proie au feu ardent qui le dévore, Eutyphron se sent quelque peu soulagé par la permission qui lui est accordée de se délivrer de sa peine, en la donnant au premier qui passe, et il s'en fût délivré à l'instant même, si le dieu prévoyant ne lui eût pas imposé ces quelques heures pour réfléchir :

« Non, se dit-il, je n'irai pas jeter le mal qui me dévore au premier venu, et je veux savoir au moins le nom de ma victime. Il serait injuste en effet de lancer cette flèche empoisonnée au milieu de la foule, et quelles seraient ma honte et ma douleur si, par trop de hâte, j'accablais de mon propre mal mon vieux père, ou ma nourrice, accourus à ma plainte? O la triste et funeste action si je frappais, sans le vouloir, le magistrat qui monte à son tribunal pour faire à chacun bonne justice, l'amoureux qui vole à ses amours, l'ouvrier qui court à sa tâche, ou le poëte, esprit qui donne à la leçon morale une immortelle consécration ! Passez, devins; passez, prophètes ; je vous respecte, orateurs ; philosophes, aux dieux ne plaise que mon mal injuste vous

arrête en vos sentiers! Je ne veux rien du hasard;
même pour être un homme alerte et bien portant,
je ne veux pas m'exposer à frapper l'enfant sur le
seuil de son école, et la vierge qui porte en procession le voile de Minerve autour de l'Acropolis, dans
les grandes Panathénées. Je veux donner ma peine
à qui la mérite... Allons, j'y suis; je vais réveiller
sous sa rude étreinte quelque tyran endormi, qui
sourit comme eût fait Hiéron, le bon prince, ami
des poëtes... Réveiller le tyran de Syracuse ou le
tyran de Phalère, quoi de plus juste?... Eutyphron,
que vas-tu faire? Il dort; laissons-le dormir.
Prends garde qu'à son réveil ne se réveillent en
même temps l'intempérance, la cruauté, l'avarice.
Il dort; le taureau de Phalaris fait trêve à ses mugissements... Eutyphron, ne réveillons pas le taureau qui dort. Mieux vaudrait, que t'en semble?
affliger de ton mal ton inconstante voisine, la
perfide Théoxène, dont la beauté funeste et charmante a perdu tant de jeunes Athéniens et mis à
mal tant de vieillards! Son sourire est un mensonge, et sa caresse une menace. Elle écoutait naguère avec son doux rire tes molles élégies, et ses
yeux te promettaient la plus douce récompense.
Inconstante comme l'onde, elle a changé. Tant pis
pour la coquette! Elle va connaître enfin l'insomnie, et les jeunes gens, et les vieillards, la voyant si

malade : « Allons saluer, diront-ils, Myrto, blonde « comme les blés. » C'en est donc fait, me voilà délivré de ce mal affreux par l'ingrate et belle Théoxène.... O Vénus! qu'ai-je dit? quelle menace injuste! Elle est ma voisine, et chaque matin, quand vient le jour, il m'est donné de saluer le front de Théoxène rayonnant de grâce et de beauté. Elle est perfide, elle a raison; elle est parjure, et c'est son droit. Moi, cependant, son voisin dédaigné, j'ai ma part dans les guirlandes que l'amour attache à sa porte, et je puis me chanter tout bas toutes les chansons qu'on lui chante. Ah! Théoxène, enchantement du toit que j'habite; aimable aspect et douce voix, digne de se mêler aux chœurs des vierges thébaines, ce n'est pas moi qui veux te réduire à verser tant de larmes, à passer tant de nuits dans l'insomnie et dans la solitude. On raconte que le divin Esculape employait le son des flûtes pour apaiser la fièvre; or, toutes les flûtes de la cité de Minerve chantent en ce moment sous les fenêtres de Théoxène, enguirlandées de toutes les fleurs où le printemps empourpré a déployé ses plus vives couleurs. Donc, vivez et régnez en paix, ma belle Athénienne. On va chercher une autre victime expiatoire à qui donner ces craintes, ces afflictions, ces troubles de l'âme et d'un corps misérable appliqué à la torture. »

Puis, se retournant encore une fois sur son lit misérable :

« Heu ! disait-il, j'aurai bien de la peine à me défaire honnêtement de ce mal sans pitié. Le dieu a raison ; prenons garde à la honte, aux regrets ; prenons garde à l'injustice. Il n'est point d'apaisement à la douleur la plus violente qui nous relève à nos propres yeux d'une action mauvaise. »

En ce moment, il vint à penser qu'il avait, à lui appartenant, un esclave qui n'avait plus que le souffle. Il l'avait acheté à beaux deniers comptants. Cet homme était sa chose ; il pouvait à volonté l'envoyer chez les morts.

« C'est cela ; j'ai ma proie, il me doit son âme et son corps. Donc, cette fois, il n'y a rien à redire. »

Et néanmoins, comme il cherchait en son âme et conscience à justifier la droiture et le caractère parfait de cette action, il entendit ce pauvre hère, au second chant du coq, sortir de sa couche et, retenant son souffle et le bruit de ses pas, entrer dans la salle basse où chaque matin il pétrissait et cuisait le pain de chaque jour. Cet homme était vieux, accablé par les ans et par l'esclavage ; il n'avait jamais connu son père et sa mère. Il avait eu des enfants qu'on avait vendus en bas âge, avec la femelle infortunée qui les lui avait donnés. Jeune homme, il avait servi chez les Spartiates, qui l'enivraient par force et le mêlaient à leurs ilotes gorgés de vins et de viandes, afin d'être une leçon de tempérance aux enfants de Lacédémone. Il n'y avait rien de plus misérable ici-bas que ce vieil esclave, et lorsque Eutyphron vint à penser à tant de misères :

« Oh! là, dit-il, je n'aurais jamais le courage d'infliger à ce malheureux une douleur qui m'est insupportable à moi-même, à moi qui suis encore assez fort pour la porter. »

En même temps il prêtait une oreille attentive au travail matinal de ce pauvre homme ; il entendait sa plainte involontaire à chaque effort de ce pain qu'il fallait pétrir.

« Et qui donc me nourrira demain ? reprit le malade, où donc trouver un autre esclave attentif, dévoué, laborieux ?... »

A ces mots, Eutyphron se retourna encore une fois sur sa couche, en se félicitant d'être un esprit maître absolu de soi-même.

« Ah! comme on rirait dans Athènes, et dans le gymnase de Polémon, se disait-il, si l'on savait que je subis cette horrible torture à la place de mon esclave Calliclès ! »

Il avait d'autant plus de mérite en ceci que la douleur, devenue intolérable en ce moment, faisait rage autour de toutes ses jointures ; ses os craquaient, ses veines se gonflaient, la sueur ruisselait de son front, son cœur battait dans sa poitrine à la briser. Cette fois l'homme était vaincu ; le philosophe était aux abois. Il fallait se défaire absolument de cet hôte insupportable. Alors, par une inspiration d'en haut, le pauvre Eutyphron se crut délivré de sa peine et sans être obligé de tomber au rang de ces créatures *méprisables* (c'est un mot de Zénon) qui ne savent pas commander à la douleur. Il y avait, sous les toits décriés de la belle Théoxène, un grenier ouvert à tous les vents, dans lequel se cachait, comme un renard dans sa tanière, ou comme un serpent dans son trou fangeux, un certain Mélitus, biographe de son métier, le digne ami d'Anitus et de Licon, calomniateur de profession, comme avait été son père ; un délateur des plus honnêtes gens ; Mélitus, du bourg de Pithos, aux yeux glauques, à la barbe rare, aux cheveux plats ; un coquin habitué à jeter son insulte et sa bave aux sentines. Il n'avait pas d'autre pain que la calomnie, et pas d'autre espoir que le mensonge. Homme habile à dénaturer les sentiments, les espérances, les vertus, même les vices, il était l'effroi de la ville et la haine des Athéniens.

« Ah ! pour le coup, se disait Eutyphron en menaçant du doigt la fenêtre où vacillait une lueur lugubre, je tiens ma victime, et cette fois je ne crains pas d'être démenti par ma conscience. En voilà un, ce Mélitus, du bourg de Pithos, la patrie des calomniateurs, qui ne saurait échapper au châtiment que je lui garde, non plus qu'aux vengeances de Némésis. Il va payer enfin tous ses crimes : les honnêtes gens accusés, le peuple ameuté, les supplices injustes, l'honnêteté trahie et toutes les cruautés qu'entraînent après soi la trahison de la plume et les lâchetés de la parole. En ce moment, je ne sais pas quelle est ta victime et quelle honnête vie appartient à ton stylet, honnête Mélitus; mais je sais bien que tout à l'heure, au point du jour, je serai libre, et, semblable au divin Achille, Achille aux pieds légers, j'irai te contempler sur ton grabat, la face livide, et tout ton corps livré à ces douleurs sans forme et sans nom. Je te tiens! je te tiens! »

Et comme en ce moment la douleur semblait exaspérée, Eutyphron riait de la sentir si violente :

« A moi, disait-il, toutes les furies! Ah! qu'on est heureux de tant souffrir! »

Plus l'heure avançait, plus semblaient certains le triomphe et la vengeance d'Eutyphron le goutteux. Déjà dans le ciel blanchissant se montraient les premières clartés du jour. Mélitus cependant griffonnait paisiblement son injure.

« Encore un instant, se disait Eutyphron, le destin, de ses clous de diamants, enchaînera ce misérable et le poignard tombera de ses mains. Ainsi meurent les Archiloque, les Anitus, les Mélitus, les insulteurs publics! »

Mais à l'instant même où le blond Phébus montait sur son char, une réflexion suprême éclaira la conscience et l'esprit du bonhomme Eutyphron :

« Quoi donc, se disait-il, à l'heure où nécessairement il faut que la douleur soit vaincue, à moins que je ne succombe; au moment où je vais recevoir la récompense de mon courage et de ma patience, un Mélitus, un coquin du dernier ordre obtiendrait le prix de la douleur, cette douleur sacrée, enfant de mes veilles et de mon travail, qui sort de mes veines et de mon sang ! Le rhumatisme insensé, ce terrible gladiateur avec lequel j'ai lutté, non pas sans gloire et sans courage, un Mélitus, peut-être, aurait l'honneur d'en triompher! Quoi donc, toutes ces forces de ma vie et de ma raison s'en iraient là-haut dans ce taudis de la pauvreté malsaine, végéter sans pitié, sans gloire et sans résistance, sur les membres délétères de ce lâche et de cet énervé, qui ne saura répondre à la douleur que par des pleurs efféminés et de honteux gémissements! Ce serait donc en vain que déjà je me suis soumis à l'habitude, cette excellente maîtresse dans l'art de souffrir; en vain que j'aurais résisté à toutes ces violences avec une grande énergie, et de façon à conserver ma propre estime! Je perdrais le fruit de ma lutte énergique, uniquement pour le triste plaisir de châtier un malheureux qui ne sait pas que je le châtie ! Au contraire, un hasard nous ferait rencontrer face à face, il aurait le beau rôle, et ce serait à moi à baisser les yeux devant lui... Voilà ce qui ne sera pas, je l'espère, et je ne laisserai point mon âme abandonnée à ces grandes lâchetés. »

Ayant ainsi parlé, Eutyphron se replia sur lui-même; il retint sa plainte; il contint sa colère; il résolut de laisser son âme en paix, si son corps était en souffrance.

« Et loin de moi la crainte, et loin de moi le chagrin ; je garderai pour mon compte la bonne réputation de ma douleur. Une honnête douleur est un lien entre les hommes ; elle ajoute à l'amitié des amis, à l'intérêt des honnêtes gens, au respect de la cité; elle honore le travail, elle est une excuse au repos ; plus elle est violente, et plus elle est courte. Bien portée et dignement soufferte, la douleur touche à la dignité de l'homme, et celui-là est un lâche qui la déverse à son voisin, quel qu'il soit. Enfin, quel mot plus horrible, à tout prendre : « Après moi, que tout périsse !... »

Eutyphron s'endormit sur ces réflexions salutaires. Il vit en songe un des sages de la Grèce qui lui disait :

« Gloire à toi, qui as vaincu un si grand mal par la modération, la tempérance et la justice ! Honneur à toi, qui n'as pas voulu te garantir par une si triste précaution, et t'es maintenu dans l'honnêteté, dans l'ordre et dans le devoir ! »

Sur le midi revint Mercure, et, retrouvant tant de calme et de paix où il avait rencontré tant de fièvre et d'agitation :

« Bon ! se dit-il, les voilà qui dorment, Eutyphron et sa douleur ; elle et lui, les voilà calmés et contents. Il en sera quitte, à son réveil, pour n'avoir qu'un *seul cothurne à ses pieds,* comme autrefois le fier Jason lorsqu'il allait à la conquête de la toison d'or. »

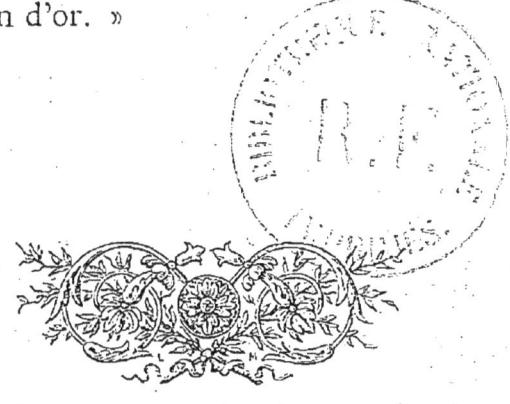

TABLE

DU TOME SECOND DES CONTES

	Pages
Le Crucifix	1
La Comtesse d'Egmont	57
Stradella, ou le Poëte et le Musicien	107
Un Portrait	145
Gabrielli	151
La Rennetierre	197
Double erreur	241
Iphigénie	285
Le Rêve d'une grisette	297
Les Insomnies d'Eutyphron	303

A PARIS

DES PRESSES DE D. JOUAUST

Imprimeur breveté

RUE SAINT-HONORÉ, 338

ŒUVRES DIVERSES DE JULES JANIN

Nous ne publions ni les œuvres complètes de Jules Janin, ni des œuvres *choisies*, dans le sens qu'on attribue généralement à ce mot, qui indique le plus souvent un choix fait sans le concours de l'auteur; mais celles de ses œuvres pour lesquelles il avait le plus marqué sa prédilection. Notre collection est l'accomplissement d'un projet formé du vivant de Jules Janin, et l'exécution d'une de ses dernières volontés.

Les *Œuvres diverses de Jules Janin* se composent de 12 volumes, savoir :

L'ANE MORT, précédé de l'*Autobiographie de l'auteur*.	1 vol.
MÉLANGES ET VARIÉTÉS LITTÉRAIRES.	2 vol.
CONTES ET NOUVELLES.	2 vol.
CORRESPONDANCE.	1 vol.
CRITIQUE DRAMATIQUE.	4 vol.
LA FIN D'UN MONDE ET DU NEVEU DE RAMEAU, suivi de *Nouvelles*	2 vol.
	12 vol.

Outre le tirage ordinaire, il est fait un TIRAGE D'AMATEURS, ainsi composé :

300 exemplaires	sur papier de Hollande à	7 50
25 —	sur papier Whatman à	15 »
25 —	sur papier de Chine à	15 »

350 exemplaires numérotés.

Chaque volume est orné d'une GRAVURE A L'EAU-FORTE PAR ED. HÉDOUIN, *réservée spécialement pour ce tirage.*

Octobre 1876.

www.ingramcontent.com/pod-product-compliance
Lightning Source LLC
Chambersburg PA
CBHW060357170426
43199CB00013B/1899